中國學術思想 研究輯刊

十二編

林慶彰 主編

第24冊

韓非政治思想探析

管力吾 著

花木蘭文化出版社

國家圖書館出版品預行編目資料

韓非政治思想探析／管力吾 著 — 初版 — 新北市：花木蘭文
化出版社，2011〔民100〕
目 2+148 面；19×26 公分
（中國學術思想研究輯刊 十二編；第 24 冊）
ISBN：978-986-254-665-9（精裝）
1.（周）韓非 2.學術思想 3.政治思想
030.8   100015932

ISBN-978-986-254-665-9

9 789862 546659

中國學術思想研究輯刊
十二編 第二四冊 ISBN：978-986-254-665-9

韓非政治思想探析

作 者 管力吾
主 編 林慶彰
總 編 輯 杜潔祥
出 版 花木蘭文化出版社
發 行 所 花木蘭文化出版社
發 行 人 高小娟
聯絡地址 新北市永和區中正路五九五號七樓
電話：02-2923-1455／傳真：02-2923-1452
網 址 http://www.huamulan.tw 信箱 sut81518@gmail.com
印 刷 普羅文化出版廣告事業
封面設計 劉開工作室
初 版 2011 年 9 月
定 價 十二編 55 冊（精裝）新台幣 90,000 元

韓非政治思想探析

管力吾　著

作者簡介

管力吾，湖南桃源人，1938 年生。海軍官校 51 年班，美國田納西大學電機碩士。服務海軍 28 年，之後任教東方技術學院 13 年，與理工結緣近 50 載。自幼喜好中國文學，軍職、教職期間，在學術性刊物上寫稿未曾間輟。2007 年考取國立屏東教育大學中國語文系碩士班，現為國立高雄師範大學國文系博士生。

提　　要

　　韓非為戰國末期的大思想家與法家的集大成者，《韓非子》內容經緯萬端，但政治思想則為其精華所在。韓非之政治思想，以法、術、勢為基素，亦以法、術、勢為主幹。法、術、勢之間，有其分立的獨特性，亦有其融合的必然性。本書共分六章，首章陳述研究之動機、目的及研究之範圍與方法。言政治首先針對者即為人性，第二章析論韓非「好利自為」的人性觀──並非眾家所認定之性惡論──以及韓非以此為自己政治思想立論的不可撼動性。三、四兩章為本文之主旨所在，第三章首以法體、法性和法用說明韓非的法治思想，次以術之性能、術之運用、術之兩面性，說明韓非之用術思想，再以主道、集權和操柄，闡述韓非的勢治理論。第四章除論述《韓非子》中以法為主體的法家思想之外，並以法、術、勢的邏輯結合，推論出其三位一體的結合，實質上只是人設之勢與督責之術的結合及人設之勢與察姦之術的兩種結合方式。第五章為韓非政治思想之析疑。除透析撻伐韓非思想造成焚書阬儒結果之真相外，並對韓非思想在「任法」與「法治」上之分野予以判析。終論則為韓非分離政治與道德思想的度越諸子之處。第六章為二至五章內容的綜合論述，並提列研究發現與後續研究之展望。

謝　誌

　　七十而專心學文，始知文學之難爲，絕非行有餘力所能易與之事。少年時爲 諸生，對師長之威嚴學問，既懼且羨，及長爲人師，對學生之好學與刁頑者，心 慰惱怒兼有，而今以從心所欲之年再爲諸生，由見山是山至見山不是山，又回復 見山是山時，方知師之難爲：生有志於道，但以頑愚，雖多方調教，仍不「上道」， 爲師者當亦五味雜陳矣。三年之學習過程，受益之處不知凡幾，知識亦在各位師 長啓迪下點點滴滴累積，三年韶光，轉瞬即逝，謹以最眞摯之謝忱，敬致屛教大 中文所各位師長。

　　屛教大三年之學生生涯，諸多師生間之互動，使人難以忘懷。以我年長（幾 與同學之祖父輩同級），同學尊呼爲管大哥，而課堂辯解至面紅耳赤時，亦常「哥 威」無存。面對每次上課均坐於定位之高齡學生，諸老師亦多惑於天下達尊之「齒 一」位勢，稱我爲「管先生」、「管老師」、「管學長」、「你們的管大哥」等， 不一而足，一時尷尬，久而素安，亦習以爲常。所能承告於諸位老師者，學生由 表至裏，謹守爲弟子之分寸，從未有一絲之逾越，聞道有先後，以先知覺後知， 爲後知者尊先知，乃天下不移之至理。

　　投考研究所前，初次受教於徐師漢昌之「中國思想史」時，驚服徐師深邃之 學問，引經據典，奧妙幽微之處，一一信手拈來，授至「混合與變化：先秦思想 之變局」時，尤令人悠然神往，自謂人生至樂之享受，亦不過聆此一堂課，惋惜 於下課鐘聲之聲聲催促，而不得使此種時刻常有！徐師不棄駑鈍，願爲外校生之 指導教授，而傾囊相授，悉心指點，由論文大綱之擬就、疑難問題之探討、初稿 每章完成之批閱以至於口試完成後之複審，徐師無不竭心費力，良師風範，長令 爲生者銘感五內。

　　十指笨拙，與電腦鍵盤之緣分殊薄，三年來以手寫完成之各科課程報告稿件，併同學位論文，厚度早已盈尺，內子爲之一一鍵入，並爲之校正文字及格式之錯　誤，少有尤怨，情態急迫時，每每通宵達旦，徹夜不眠，「深夜但聞鍵盤聲」，亦令當事者感愧而難以入夢。內子年逾耳順，學位早已攻頂，「伴讀」期間同時　擔任學校之教職並兼行政，長期屈就小祕書之工作，且須面對爲夫者煩急時之不　像面色，將心比心，確屬難能，得賢內助如此，祇能謂我三生有幸，今於全文脫　稿之日，謹對衷心之摯愛獻上至深的感激之情。

管力吾　謹誌

中華民國九十九年四月

目

次

第一章　緒　論

　　亞里士多德說過，政治是人類最重要的活動，而「何謂政治？」則學術界在見解上和意識型態上有著非常深刻的分歧。ANDREW HEYWOOD（海伍德）在其《Politics》（政治學）第一章「何謂政治？」之結論中，指出「各思想家透過不同的傳統和方式來理解政治的意涵。政治一直被視爲政府的藝術或與國家有關的事務；政治亦是公共事務的處境與管理；政治是透過爭論和妥協來達成衝突的解決；再者，政治也是社會運作過程中的一種資源之生產和分配」。〔註1〕第二次世界大戰結束後，在美國政治科學中占重要地位的行爲研究方面，「著作的共同點是，認爲政治是個人之間和集團之間不斷發生相互作用的一種過程。」〔註2〕一般中文辭書之簡釋政治，或謂政治乃「行政上所施行的一切治國之事」，〔註3〕或謂政治是「統治國家一切行爲之總稱」，〔註4〕終不如　國父孫中山先生所云的「政就是眾人的事，治就是管理，管理眾人的事便是政治。」〔註5〕來得語意明確而言簡意賅。

　　由春秋（公元前770～公元前476）而至戰國（公元前476～公元前221）

〔註 1〕ANDREW HEYWOOD 著，林文斌、劉兆隆譯：《政治學》（台北市：韋伯文化事業出版社，1999 年 4 月再版），頁 34。

〔註 2〕《大不列顛百科全書中文版》（台北：丹青圖書有限公司，1987 年 9 月），第 17 冊，頁 418。

〔註 3〕台灣商務印書館編審委員會：《增修辭源》（台北市：台灣商務印書館，1978 年 11 月增修台二版），頁 95。

〔註 4〕台灣中華書局編輯部：《辭海》（台北市：台灣中華書局，1972 年 2 月大字修訂臺五版），頁 1297。

〔註 5〕秦孝儀主編：《國父全集》（台北市：近代中國出版社，1989 年 11 月），第 1 冊，頁 55。

前後的五百年之間，是中國歷史上社會、政治、經濟發生鉅大變革之時期，宗法封建崩解，君王專制形成，而思想界的「百家爭鳴」乃適應時勢應運而生，與劇烈的時代變化相輝映。「百家」（司馬談分其主要流派爲六家）各欲以其主張，解決當時存在或隱現之種種問題，引領變化潮流之法家思想即產生於此一背景，與儒、道、墨共爲當時之顯學。

　　法家思想在管仲、子產、李悝、申不害、商鞅、慎到、吳起諸人的啟承與發見之下，在以法治國的「法治」，以靜制動的「術治」和以勢行法的「勢治」上，都已各有脈絡，初具規模，韓非則更以其過人之才慧，精研法、儒、道之學養，常人難及之政治高度（韓非爲韓國宗室）以及後出轉精之優勢，融合諸法家前輩思想之精要，轉化吸納部分儒、道之學的精華，並以個人之推衍創見爲之增益，發而爲集大成的法家之學。《韓非子》一書，蘊含豐富之政治、人性至理，足以啟人神智，發人深思。

　　韓非之政治思想，前輩學者著力已多，各皆在原典及相關史冊中，探本求源，搜羅故實，積學功深，發而爲言，使人仰足欽慕，而再要循其同樣之足跡步調，欲期有所發現，當已甚難；但若由不同之思考模式，對《韓非子》中若干敘述作另一角度之解讀——經由邏輯思辨，倖而能不落入引喻失義——則或可在前輩學人的發掘之外，另有所發現。此項工作，求諸循序漸進之正規中文系學子或自不易，而筆者有此機緣，由其他領域轉入中國文學之門，〔註6〕迥異之思考理念與處理文義之方式，或堪作爲探析的他山之石。竊願在茫茫書海中披沙揀金，能有野人獻曝的一得之愚。

第一節　研究動機與目的

　　在選擇研究主題時，曾在文學、思想兩範域中權衡思量：個人半道入門，中文基礎工夫未臻紮實，是爲所短，而人生體悟、理工專業歷練則或能在思想之認事析理中有所助益，因乃以思想作爲研究之方向。思想中儒、道、法

〔註6〕筆者自幼即醉心中國文學，但在學用之途上，行不由志，陷身理工之境域中四十餘年，直至65歲由教職退休，始重拾舊書，初識小學，積四年苦力，於將屆七旬之齡時考入中文研究所。以純粹之理工思考模式（懷疑、探索、求證）與多年工作歷練中之感悟，課程討論中往往自樹一格，不同於大部分中文系出身同學之先予認同，再尋找支持，最後予以文飾之模式，而辯解之後，亦頗有能殊途同歸的相合之處。

三家各有吸引人之處，而儒、法間之互動，更屬引人入勝。司馬談論六家要旨，皆諸子言治之學，〔註7〕此亦現代政治之旨義所指。個人興趣所在，選擇法家政治思想爲論文之切入主題。

　　法家政治思想爲先秦四大家之殿，〔註8〕而韓非更集法家思想之大成，但因秦皇、李斯之牽累，韓非思想被排擠於正統道學門外亦已二千餘年。晚近研究韓非之學術性文章，對韓非思想批評之處甚多，將其政治思想基礎所在之人性觀定位於「性惡論」而引申評騭，將秦焚書阬儒暴虐統治的罪惡，歸因於韓非思想所造成之罪孽。眾口雖能鑠金，但見解之過於一致亦不能不使人無疑。諸家對韓非定位之見解是否絕對正確，所評是否合宜公允而令持懷疑論者信服，筆者甌思於研析韓非政治思想時，能作部分釐清，是爲本文的研究動機之一。

　　諸家之書，研究韓非法、術、勢的學者，有謂韓非政治哲學的重心是法，有謂韓非之思想以術爲先，亦有謂韓非之政治思想核心是勢。雖然法、術、勢三者並立，究竟有所偏重。各家說法都言之成理，但不可能同時爲眞，是否能根據文本的客觀分析，找出一個可能的眞相，是爲本文的研究動機之二。

　　政治不可能離法，儒家與法家在立法與用法上，許多觀點針鋒相對，究竟儒家與法家之立法用法，在本質上有何不同？韓非之非儒，後代儒家學者之所以攻訐韓非，其根本原因爲何？尋找可能之部分答案，是爲本文的研究動機之三。

　　本文之研究目的有二，一爲藉對韓非政治思想之探析，尋求個人在成長、歷練與專業上互補的助益；二爲探索韓非法家學說在今日的新評價。韓非爲中國學術思想史上傑出之奇才，諸多之觀念與見解，發人之所未發，其精闢透徹之處，足以獨步千古，即令對其學說極端不認同者，亦爲之折服。新儒家的代表人物之一的熊十力，以儒家的觀點，對韓非的詆德惠、訾仁義、厭稱先王之論多所非議，對韓非的法家主張，抨擊尤多，但對韓非經世之略的才華與愛國情思的風節，則不吝予以讚美。〔註9〕本文既云探析，筆者當懷有

〔註7〕　《史記・太史公自序》有「易大傳：天下一致而百慮、同歸而殊塗。夫陰陽、儒、墨、名、法、道德，此務爲治者也。」見瀧川龜太郎：《史記會注考證》（台北市：洪氏出版社，1982 年 10 月再版），頁 1366。以下引述《史記》原文，皆依《史記會注考證》，均直引篇目及頁碼。
〔註8〕　蕭公權：《中國政治思想史》（台北：中國文化學院出版部，1980 年 10 月新一版），頁 226。四大家謂儒、道、墨、法。
〔註9〕　熊十力《韓非子評論》云：「余讀韓子之書，想見其爲人，庶乎近之矣，韓子

探頤索隱之心，冀求能倖而檢獲前人之遺珠，而爲之解析，一言能傳眾耳，固所願也，非敢盼焉。

第二節　研究範圍與方法

　　韓非政治思想之立論基礎爲其人性觀之好利白爲，此處涉及對孔、孟、荀、墨等人性觀之辯解；韓非政治思想中許多創新的觀點，來自對老子道德經與儒家道德德目賦予新義的慧見，而韓非之法、術、勢思想之融匯，則啓承自管仲、商鞅、申不害、愼到之學說。以上諸家之論述，率皆先秦儒、道、墨、法相關思想之範圍。後人對韓非政治思想之評議與定位（詳研究動機一、二）及對儒、法兩家以法治國觀念上衝擊之研析（詳研究動機三），立論取材，亦皆在先秦儒、道、墨、法相關思想之範圍內。故本論文之研究，以先秦儒、道、墨、法四家在人性、治道（政治上之法、術、勢）上之立說爲範圍，而他山之石可以攻錯，西方學者在人性、政治上相對應之見解與事例，亦援引作爲比對。

　　本論文對基本論點的提煉與論題的推演，使用歸納法與演繹法，演繹法乃預設一前提，並由其中推論出個別或較不普遍之結論，如前提爲眞，則結論必爲眞；歸納法則是由問題的推論中，概括類推導出結論，論證的前提支持此項結論，但不確保結論的推理過程。對政治思想基素（法、術、勢）的結合與演化，使用邏輯分析法，邏輯分析法乃是在議論或思維的各元素之間，由可推論性或可理解性，構成其合理性的關係。鑑於數學乃嚴謹之邏輯語言，故將數學中之函數觀念、〔註10〕聯集合觀念〔註11〕及交換律〔註12〕引用於邏

雄奇哉。……使其無逞偏見，而深究儒術，則經世之略，當爲孟荀所不逮者。……其愛國情思深厚，其風節孤峻，使韓子生今日，余爲之執鞭，所欣慕焉。」（高雄市：三信出版社，1974 年 11 月修訂再版，頁 21～22。）
〔註10〕在某一定之範圍中，含有一定之元素，稱爲集合，函數即有相互關係之兩個集合間（如：術爲一集合、勢亦爲一集合）各元素彼此間之對應關係，前述之「一定範圍」，一爲函數之定義域，一爲函數之值域。
〔註11〕兩個或多個集合範圍及元素之總和稱爲聯集合，範圍重疊部分，其各元素亦重疊，二個（或多個）元素視爲一個。兩個相同之集合（如法與法），其聯集合即爲其本身。如法與法之聯集合仍爲法。
〔註12〕交換律爲數學中加法和乘法運算的規律。對於加法的規律而言（本論文中所應用者），即各因子的次序可任意排列，而其值不變。如：A＋B＋C＝B＋A＋C＝C＋（B＋A），（法＋術＋勢＝術＋法＋勢，或法＋督責之術＋自然之勢

輯分析中。至於歷史事件間錯綜複雜的因果關係，則使用歷史研究法，亦即以系統而且嚴謹的程序，對歷史資料進行蒐集、鑑定與解釋，並提出研究發現，以了解過去的事件。〔註13〕

第三節　文獻回顧與探討

　　探討韓非思想之專著頗多，即使並非單論韓非思想之綜論性思想史著作，亦必將韓非思想列爲重要之章節。相關之書籍論文，可彙整歸納爲二類屬：一爲人性論方面之探討；二爲法、術、勢方面之析論，茲分別列述其代表性之部分，至於各家之得失與討論，分詳各章，此不一一詳述。

壹、人性論方面

　　《孟子・告子上》、《荀子・性惡》、王充《論衡・本性》、張松禮《人性論》、傅統先《哲學與人生》、郭名浚《韓非子人性觀究論》、張立文《中國哲學範疇精萃叢書・性》、蕭振邦《韓非哲學的人性觀探論》、李增〈《韓非子》人性與功利論〉、林義正〈先秦法家人性論之研究〉、張申〈再論韓非的倫理思想不是非道德主義〉、陳伯鏗〈論韓非之人性觀及其政治思想〉、劉家和〈韓非子的性惡說〉。所列之專書及專論篇章，皆屬人性中善惡之辨，且均爲本論文所曾徵引者，閱讀參考因而激發靈感，但未徵引者則未列入。

貳、政治思想方面

　　徐師漢昌《韓非子的法學與文學》、《韓非子釋要》、熊十力《韓非子評論》、郭沫若《十批判書・韓非子的批判》、蕭公權《中國政治思想史》、王靜芝《韓非思想體系》、王邦雄《韓非子的哲學》、林緯毅《法儒兼容：韓非子的歷史考察》、鄭良樹《韓非之著述及思想》、陳森甫《韓非之政治思想研究》、高柏園《韓非哲學研究》、張純、王曉波《韓非思想的歷史研究》、王讚源《韓非與馬基維利比較研究》、李甦平《韓非》、谷方《韓非與中國文化》、謝雲飛《韓非子析論》、吳秀英《韓非子研議》、張素貞《韓非子思想體系》、朱守亮《韓

　　＝督責之術＋法＋自然之勢）。
〔註13〕吳明清：《教育研究：基本觀念與方法之分析》（台北市：五南圖書公司，1994年8月初版五刷）頁254、255。

非子釋評》、蔡英文《韓非的法治思想及其歷史意義》、邱黃海《從「任勢爲治」說的形成論韓非思想的蛻變》、王元化《韓非論稿》、周策縱〈韓非本〝爲韓〞及其思想特質〉、張純、王曉波〈韓非思想的哲學基礎〉、陳弱水〈韓非的法律思想〉、余英時〈法家的反智論〉、蔣重躍〈韓非的思想和他的悲劇人生〉。以上各有其在深掘韓非思想中之見地，如熊十力之於術，徐師漢昌及王邦雄之於法，高柏園、邱黃海之於勢，王靜芝與張素貞之《韓非思想體系》涵蓋更爲全面、著重之處則彼此有異。蕭公權之《中國政治思想史》及張純、王曉波之《韓非思想的歷史研究》多爲詮釋論析之倚助。而鄭良樹之《韓非之著述及思想》以發展的觀點爲韓非思想分期，更有助於解決原典中似相矛盾，而諸學者所據各皆成理卻又不能全部爲眞之困擾。

　　本論文之引文，以陳啓天之《增定韓非子校釋》爲主，並參考王先愼之《韓非子集解》、陳奇猷之《韓非子集釋》及朱守亮之《韓非子釋評》。釋疑及補充、版本之考據及文字之補定，諸先生各皆以半生之力專注於此，並能贏得研究韓非思想者之一致好評，而此類工作，殊非個人治學能力之所能企及，亦非研究之志趣所在，凡所論述，以傳世本《韓非子》爲主，其中或不免後學羼入者，則儘量避免不用，抱持立足原典，參證僉議之原則。引文之詮釋，雖欲循「創造的詮釋學」〔註 14〕之五個辯證層次逐級而上，但學力所及，亦祇能在「意謂」層次與「蘊謂」層次（「原思想家所說的意思到底是什麼？」與「原思想家所說的可能蘊涵是什麼？」）之間往復，治學須待工夫，自我提昇，尚待來日。

　　韓非論法、術、勢之文字，散見於各篇，惟分布頗不平均，論法以〈有度〉〈姦劫弒臣〉〈飾邪〉〈定法〉〈說疑〉〈五蠹〉諸篇較爲密集。論術以〈主道〉〈二柄〉〈楊權〉〈亡徵〉〈定法〉〈八經〉及內、外儲說諸篇最爲常見。論勢則以〈楊權〉〈姦劫弒臣〉〈備內〉〈功名〉〈難勢〉〈五蠹〉外儲說諸篇爲最

〔註14〕創造的詮釋學之五個辯證層次（不得越等跳級），分別爲：(1)「實謂」層次——「原思想家（或原典）實際上說了什麼？」(2)「意謂」層次——「原思想家想要表達什麼？」或「他所說的意思到底是什麼？」(3)「蘊謂」層次——「原思想家可能要說什麼？」或「原思想家所說的可能蘊涵是什麼？」(4)「當謂」層次——「原思想家（本來）應當說什麼？」或「創造的詮釋學者應當爲原思想家說出什麼？」(5)「必謂」層次——「原思想家現在必須說出什麼？」或「爲了解決原思想家未能完成的思想課題，創造的詮釋學者現在必須踐行什麼？」以上見傅偉勳：《從創造的詮釋學到大乘佛學》（台北市：東大圖書公司，1999 年 5 月再版），頁 10。

多。〔註 15〕上述篇目約略可作爲研析時心力配比之參考，而其他各篇亦不容有所疏漏，蓋投注之目光，必須關注《韓非子》全書五十五篇。

第四節　各章研究重點

本論文內文共分六章：

第一章緒論。說明本論文研究之動機與目的，設定三項研究主題，作爲研究之方向；廓清研究之範圍與使用之方法，列述文獻之回顧與探討，並對各章之研究主題，作重點之提述。

第二章好利自爲的人性與政治。政治爲管理眾人之事，對眾人屬性之透徹瞭解與掌握，是爲首要之工作。人性的範圍可大分爲道德屬性與自然屬性。道德屬性有善、惡之辨，而自然屬性無涉道德，不能將之歸於善或歸於惡。韓非認爲人人有好利自爲之性，只在自然屬性中之一部分立論，故不可將之無限引申，在韓非本人並未有片言隻字稱性惡，而自然屬性又無涉善惡之情況下，將韓非定位爲性惡論者。只要不發生對立矛盾，韓非絕未否定慈孝仁愛，只是其優先性不排在最先而已。無對立衝突時，好利自爲與道德之美善可以並存。韓非以好利自爲立論，就政治的角度看是正確的。

第三章韓非政治思想中的法、術、勢。法與勢的思想，在歷史上的演變與發展可以上溯到先秦時期以前，由管子、子產、李悝、商鞅、慎到、荀子而至韓非，術則由申不害直啓韓非。法可就法體、法性和法用三方面觀察，韓非除融匯眾家思想之外，並有其自發之卓見與表現之特色。勢可類分爲自然之勢與人設之勢，韓非的重勢思想，表現在其因勢與主道、任勢與集權及處勢與操柄上。其以人勢代天勢，反對任賢不任勢，充實了法家的勢治理論；將勢與「權」、「力」、「信」結合，豐富了勢的內涵。自有政治，即有術用，但明顯見諸文字的用術思想，則是由申不害直啓韓非。韓非之論術，在性能上，申言其「因任而授官，循名而責實，操生殺之權，課群臣之能」的「治政」與「藏之於胸中，以偶眾端，而潛御群臣」的「領導統御」；在運用上，對無爲術的運用，使君王無爲，臣下有爲；參驗術之察姦六術與聽言五術，

〔註15〕以上根據朱守亮《韓非子釋評》頁 56 至頁 97，釋韓非崇法、尚術、任勢諸篇與主題攸關之引文數目概略統計。引文數多之篇目未必即爲重點所在，但投注較多之注意力於該等篇章或不可免。

以及形名術之督責，韓非均有其卓識。

第四章以法爲主體的法家思想。韓非言法，自始至終未有二義，言勢則有自然之勢與人設之勢，雖其自云：「吾所爲言勢者，言人之所設也。」〔註16〕但《韓非子》中所云之勢，其義爲自然之勢者不在少數。申不害言術，旨在察姦，而韓非將之拓展爲察姦與督責，後者更具有政治上的積極意義。本章先就法、自然之勢與人設之勢、察姦之術與督責之術、理論上應有之二類結合（八種）：法與自然之勢、法與人設之勢、法與督責之術、法與察姦之術，人設之勢與督責之術、人設之勢與察姦之術、自然之勢與督責之術、自然之勢與察姦之術。理論上應有之三類結合（四種）：法＋自然之勢＋督責之術、法＋自然之勢＋察姦之術、法＋人設之勢＋督責之術、法＋人設之勢＋察姦之術。將各種結合方式一分析探討，得出韓非「集法、術、勢三者之大成」的融匯方式。本章同時討論法、術、勢之主軸問題，法、術、勢三者之中，法爲重心，法爲優先，法亦爲主軸。自司馬談以「法家」名申韓，二千餘年來史家之傳諸子者，一仍其名而未嘗有異議。部分學者或爲凸顯其《韓非子》中個人之慧見，而在「術家」或「法術家」之名稱上做翻案文章。《韓非子》中論術之文字最多，但不過爲子法之於母法，施行細則之於本文，其對於法，雖多不勝。法與術爲君王治國之工具，勢亦爲君王治國之工具，三者之中，唯「法」爲「編著之圖籍」而可見其「形跡」者，「術」藏於君王之心，而勢更是一種無形之存在，以可見者爲「體」，不可見者爲「用」，而法對術與勢更有其規範與制約之作用，故以法爲主軸應無疑義。

第五章韓非政治思想析疑。一、秦始皇之焚書是否出於韓非思想之影響，學者有見仁見智之看法。焚書之政策出於李斯奏疏之建議，李斯爲法家中之執行家，其建議之精神，與集法家思想大成之韓非有若干相合，奏疏中之用字遣辭亦與《韓非子》中多有雷同，但以此爲證據將焚書與韓非思想掛鉤，似嫌不夠充分。始皇之「阬儒」，徵諸歷史記載，與韓非根本風馬牛不相及，且所阬之「術士」，是儒非儒，亦大有爭議。二、法家之任法與儒家之任賢，二者之間存有矛盾，法家非不用賢，但法家之賢指人之才幹，而儒家之賢寓含德性，法家之賢，明法守法，儒家之賢，德之權重在法之上。三、君權時

〔註16〕陳啓天：《增訂韓非子校釋・難勢》（台北：商務印書館，1974年6月三版），頁69。以下引述《韓非子》原文，皆依《增訂韓非子校釋》，均直引篇目及頁碼。

代，君王是否受「法」之拘束，受人質疑。君王制法，自身率先垂範，可益增法之無可置疑性。「人主者，守法責成以立功者也」，〔註17〕則法之實行，君王理應不能自外，惟法對君王，無法加以強制。四、政治（法律）與道德之是否能分離問題。韓非所處之時代，已非「競於德」之上古，即令廿一世紀之現代，「德」亦非唯一標準。法律與道德，並不必然站在對立位置，《韓非子》中頗多之論述，確乎將道德排除於政治（法律）之外，亦有將道德德目重新定義而作為推行政治（法律）之輔助者，此種分離，實有助於撥開道德價值糾纏於政治中之迷霧，而還政治以本來之面目。

第六章結論。對已論述之思想問題作一總結，並列述研究發現與後續研究之展望：一、韓非的人皆好利自為，被眾家歸於性惡。二、人設之勢乃嚴整的「法」與自然之勢的結合。三、韓非融匯法、術、勢三者，實質上韓非只是談人設之勢結合督責之術及人設之勢結合察姦之術兩類。四、法、術、勢何者為韓非政治思想之主軸、任法與任賢之矛盾、君王是否受法之拘束、法律是否應與道德分離等問題，所作思考性之答案。

在研究發現中，對韓非結合法、術、勢，而邏輯結合中實乃人設之勢結合督責之術及人設之勢結合察姦之術，有詳細之分析說明。而建立法、術、勢關係之模式，表之以數學函數，則有望求得用術至某一程度（過猶不及）時，君王可以獲得最大之權勢。法與勢之間，有助長性亦有斥離性，而專制時代之君王，本身即為立法之人，此一特殊關係，可以增強法與勢間之助長性而紓緩其斥離性。

國人之社會行為與個人行為，與歐西或東洋頗有歧異，而近百年之政治，其法治上之典例，或取法英美，或取法德日，其與國人思想行為上之格格不入而致無法產生效果之處所在多見。個人堅信，對祖先哲人遺留之智慧，加以梳理整合，取其超越時空之精華，融入現代之法治理念中，必能去除外來移植之弊端，而建立合於國人質性之現代法治社會。以現代民主政治之眼光，著手於法家法治論述之深入研究，亦為筆者對後續研究之自我期許。

〔註17〕〈外儲說右下〉，頁590。

第二章　好利自爲的人性與政治

　　政治既爲管理眾人之事，則對眾人「屬性」的透徹瞭解與掌握，宜乎爲首要之工作。政治上的每一舉措都會有來自政治所面對的主體——人——的種種反應。爲自己的政治主張立論，且使人相信所提出之主張比較之前他家所提出的更具有管理眾人之事的效果，則找出一種有別於他家且眾人所具有之品質——人人皆有，無人可以自外；明顯具有，無待高深之學術論證；容易觀察，例子俯拾即是；大家相信，因爲把自己放進去檢視，也都是臆則屢中——以此種「品質」作爲自己政治思想立論之基礎，當屬必要之事。韓非所提出的此種品質，被許多學者歸之於韓非的「性惡論」者，即人性的好利自爲。在論述韓非的政治思想之前，有必要爲此一人性說作一番釐清。

第一節　韓非人性思想之淵源

　　中國之人性思想自古已有，殷至春秋，性爲生，爲天地之性；戰國時期，性爲自然之性，善惡之性。〔註1〕在韓非之前，論人性之先賢已有多人，韓非人性觀並非突然而起，應是前有所承。學者中多以韓非乃荀子之弟子，荀子主性惡，韓非之「性惡」觀雖不全同於荀子，但必紹承自荀子。〔註2〕

　　筆者以爲，一大思想家之思想形成，不應排除任一先行者（前輩）在相

〔註1〕張立文主編：《中國哲學範疇精萃叢書·性》（台北：七略出版社，1997年）第二冊，頁8。

〔註2〕持此論之學者多人，舉其重者有熊十力、馮友蘭、勞思光、陳榮捷、王邦雄等諸位先生。

關方面對其造成之影響。在韓非之前，論述人性以及人性之善惡者，有孔子「性相近、習相遠。」〔註3〕「仁遠乎哉？我欲仁，斯仁至矣。」〔註4〕「為仁由己，而由人乎哉。」〔註5〕；告子「生之謂性」〔註6〕「性無善無不善」；〔註7〕孟子「仁義禮智，非由外鑠我也，我固有之也。」；〔註8〕荀子「性者，天之就也，不可學，不可事。」〔註9〕「人之性惡，其善者偽也。」；〔註10〕以上已涵攝性善、性惡、性無善無不善之論點。此外，世碩、虙子賤、公孫尼子等人言人性，皆言性有善有惡：「周人世碩以為人性有善有惡，舉人之善性，養而致之則善長；惡性，養而致之則惡長。」〔註11〕，世碩所作《養性書》今雖已佚失，王充之時猶能據而論之，是則韓非甚有可能一睹全貌。性善、性惡之四種可能組合（有善有惡、無善無惡、有善無惡、無善有惡），在韓非之前已全然呈現，其與韓非人性思想之契合近似者，必有啟發韓非人性思想之功，其與韓非人性思想全然背離者，未嘗不予韓非反思之激發。觀乎《韓非子》中所舉的「好利惡害」與「皆挾自為心」（雖未必皆為「生而致之」的人性）的諸多事例，韓非應非性善論者。當韓非之世，周文疲弊已久，禮崩樂壞，良善之社會風氣或早已蕩然，外在環境恐已成為世碩所稱「養而致之則惡長」的惡性染缸；孔子之「習相遠」，善與惡皆可由外在之「習」而導致；孟子云人生有善端，但亦認為善心一旦放失，本心陷溺時，惡即由此而生；告子之「性無善無不善」，否定人性善惡的先驗性，認為人性的善惡完全由後天的習染決定；荀子之言性惡，雖未明言惡存乎人性的先驗性，但至少是有「惡端」存在，「今人之性，生而有好利焉，順是，故爭奪生而辭讓亡焉；生而有疾惡焉，順是，故殘賊生而忠信亡焉；生而有耳目之欲，有好聲色焉，

〔註3〕 《論語・陽貨》有「性相近、習相遠」之語。見陳鈵譯註：《四書集解》（台南市：正言出版社，1972年10月初版），頁319。以下引述《大學》、《中庸》、《論語》、《孟子》原文，皆依《四書集解》，均直引篇目及頁碼。
〔註4〕 《論語・述而》，頁166。
〔註5〕 《論語・顏淵》，頁231。
〔註6〕 《孟子・告子上》，頁618。
〔註7〕 同前註。
〔註8〕 同前註。
〔註9〕 梁啓雄：《荀子柬釋・性惡》（台北市：台灣商務印書館，1965年5月台一版），頁330。以下引述《荀子》原文，皆依《荀子柬釋》，均直引篇目及頁碼。
〔註10〕 同前註。
〔註11〕 王充：《論衡・本性》，原文引自劉盼遂：《論衡集解》（台北市：世界書局，1975年6月三版），頁62。

順是，故淫亂生而禮義文理亡焉。」〔註12〕「今人之性，飢而欲飽，寒而欲暖，勞而欲休，此人之情性也。」；〔註13〕好利、嫉妒、耳目之欲、好聲色，這些屬於惡之端的質性，都是生而有之的，順是發展，則道德上歸之於「惡」的行為——爭奪、殘賊、淫亂將一一出現，不予以教化（不加以「偽」的工夫），只是隨著時日（在當時的社會環境下）成長，必然發展而呈現惡的行為，這些惡端的質性如同飢欲飽、寒欲暖、勞欲休的感官欲求一樣，與生俱來，無法避免，但卻可以用後天禮樂教化的力量，化性起偽，不讓其「順是」發展，將這些可能成為惡的質性消彌。

與上述諸子相較，在《韓非子》所舉諸事例中，韓非乃是由對人後天行為的觀察，否定人具有任何先天上道德的善性（詳下節）。父子之親、兄弟之情、夫妻之愛、君臣之義等親情仁義，一旦面臨與自身的利害有鉅大的衝突時，全都消逝無蹤，這些表現若是行為的人——在韓非之意，乃典型之代表人物——並非「順是」發展其本性而致此，這些人早已在成長的過程中，經歷過「偽」的工夫而無法消彌其劣根，一到關鍵時刻，就原形畢露，本性顯現；未到關鍵時刻，則和其他表現正常行為的人一樣，只是披上了後天教化所加的偽裝外衣，讓邪惡的內質看不出來而已。此種不明言但皆意在言外的「性惡」——如果真是「性」惡的話——乃是「偽」之所不能相加的根本的性惡，而不僅是惡之端而已。

比較上述諸家，言性生而即有，乃人之本性者，韓非之見與荀子同，與孟子反，與告子不類；由外在努力（環境與禮樂教化）可以改變、導正人性（或有助於找回放失之心）方面，韓非與上述諸家皆相反，韓非認為人性自然，可因不可化，只有以強制的法律手段，對不願見其發生的一切行為予以限制或懲罰，將可能產生這些行為動機的人性，加以約束導引；在形成人性思想的途徑上，各家皆始於對外在現象的觀察，然後轉為內思，融匯為自己的理論而抒發。但外在現象的觀察是否廣泛周延，則諸家有別。世碩、虙子賤等人，書已不傳，姑且不論；形成孟子「人性本善」所倚之現象觀察，僅有孺子將入於井一項，其中雖有至理在，但以孤證推衍，〔註14〕終覺美中不

〔註12〕《荀子·性惡》，頁329。

〔註13〕同前註，頁331。

〔註14〕孟子所言的性善，乃形而上的，屬於精神層面，在現實之經驗生活中不易見；雖見，恐亦非人人如此。見人落水，即跳入河中救人者，仍非人人能夠。

足；告子則以桮棬之於杞柳，湍水決諸四方之觀察，作爲其「人性無善與不善」之論據；荀子以人之性惡與孟子立異，不同於孟子之孤證，荀子在物性、人情、事理及外見之現象上，多方舉證，一一引申闡述，在其〈性惡〉篇內，舉證闡述之後，用於結語之「用此觀之，（然則）人之性惡明矣，其善者僞也。」共有九處。〔註15〕韓非之作法，類同於荀子，而舉證數則遠過之，手法上尤爲細膩，其對人性的觀察，似乎比乃師更爲透徹，絕不言人性二字，惟所舉皆人性內涵所表現之行爲，引導讀者（或其所告白者）自行爲人性下結論。其以「人性自爲」「好利惡害」爲主軸，所舉之例證（詳下節），事例既多，涵蓋的層面亦廣（父子夫妻，君臣上下，經濟社會均已涉及），其引自史傳者，皆信而有徵，對當世之人甚或後人，皆應能創造相當之信服度。

由以上敘述，可約略看出，韓非在人性論上之所承，以荀子爲多，但絕非全盤紹承，前述諸子之人性觀亦應對韓非有一定程度之影響，其略同於諸子者，或係受諸子之激發；其不同於諸子者，則可能出於對諸子人性觀之反思。

墨子〈兼愛〉篇中，所云天下「亂何自起？起不相愛……子自愛不愛父，故虧父而自利；弟自愛不愛兄，故虧兄而自利；臣自愛不愛君，故虧君而自利。」，相對應的「父自愛不愛子，故虧子而自利，兄自愛不愛弟，故虧弟而自利，君自愛不愛臣，故虧臣而自利。」〔註16〕一切的原因「皆起不相愛」，此種虧人以自利，與韓非「人性自爲」「好利惡害」之意涵，頗多神似之處，〔註17〕當必也在韓非人性論之形成中，佔有一定份量。〔註18〕

熊十力先生在其《韓非子評論》中有云：「韓非之人性論，實紹承荀卿性惡說，此無可諱言也。荀卿由道而歸儒，其形上學之見地，猶是道家也。韓

〔註15〕《荀子‧性惡》，頁329～341。

〔註16〕〔清〕孫詒讓：〈墨子閒詁‧兼愛上〉，《新編諸子集成》（台北市：世界書局，1983年4月新四版）第六冊，頁62。以下引述《墨子》原文，皆依〈墨子閒詁〉，均直引篇目及頁碼。

〔註17〕墨子僅籠統的以「虧」字表敘，而韓非所列述的種種「自利」之事例（詳下節），適足以作爲其如何「虧」法的舉證。

〔註18〕哈佛大學史華茲（Benjamin Isadore Schwartz, 1916-1999）指出：「墨家在某種意義上爲法家〝理論〞的充分發展鋪平了道路。墨家常談論處於〝自然狀態〞中的人，這些人一心追求自身的利益，這的確強烈影響了我們在商鞅和韓非子的著作中發現的法家〝人性模式〞（史華茲著，程鋼譯：《古代中國的思想世界》（The World of Thought In Ancient China）。南京市：江蘇人民出版社，2008年8月，頁445。）

非援道以入法，其形上學之見地，亦猶是道家也。……韓非紹承其師之性惡說，殆由其形上學，未能融會天人。荀卿已有此病，故言性惡。韓非同其師之病，故紹承師說。」〔註19〕孔孟所指的天，是道德的形上天，天人合德，天人關係間以人性中幾希的善性相聯繫，而道德意識正是天人合德的交集。荀子以天道爲自然運行的法則，人道爲人的禮義之道，天道除了生化萬物之外，與人事無所關涉，人性爲自然之本能。道家以「人法地，地法天，天法道，道法自然。」〔註20〕人之有性，即天地之有道，人性之根源，即天地自然。荀子形上學之概念，與道家相近而與孔、孟相遠。至於是否爲「病」，熊先生之說，當有其見地。

　　中國哲學史上，有關人性論題的爭議，孟子、告子與荀子的主張，已然展現上古思想的三大不同著眼點，三者各有其理念運作的要求與取捨。〔註21〕韓非的人性論，在設論態度、歷史稽決精神、方法索證的要求上，確乎已得荀子實事求是之眞傳，但其思想底蘊，亦自有其不同於荀子之處。〔註22〕應是「以自身的機敏借過老師的智慧」，〔註23〕進一步擴充分析論述之方法與理念，歸結成自己的人性觀與實情較爲相應。

第二節　韓非人性思想之內容

　　研析韓非之人性思想，應就當時對「何爲人性」（即人性之定義）及韓非對同一論題之看法相比較，然後提列《韓非子》各篇中之相關論述，以明所指。

〔註19〕熊十力：《韓非子評論》（高雄市：三信出版社，1974年），頁13、14。

〔註20〕嚴靈峰：《老子達解·老子二十五章》（台北市：華正書局，1987年8月），頁126。以下引述《老子》原文，皆依《老子達解》，均直引章數及頁碼。

〔註21〕王邦雄：《中國哲學論集》（台北：學生書局，1986年），頁110～114。

〔註22〕韓非曰：「自孔子死也，有子張之儒，有子思之儒，有孫氏（指荀子）之儒……故孔墨之後，儒分爲八，墨離爲三，取捨相反不同，而皆自謂眞孔墨；孔墨不可復生，將誰使定後世之學乎！」（〈顯學〉）就連荀子亦在其評議之列，則韓非的觀點，自應有其不同於荀子的獨到之處。王邦雄先生以爲韓非之人性論，雖師承荀子由人之情欲來觀察人性，但不循荀子性惡說乃出乎自然之本能，並針對其流弊而言，而直就性惡之本身立論，且出乎人心所刻意爲之者，是爲二者之同異。（王邦雄：《韓非子的哲學》。台北：東大圖書公司，1993年3月6版，頁107。）

〔註23〕蕭振邦：〈韓非哲學的人性觀探論〉，《鵝湖月刊》第155期（1988年5月），頁31。

　　韓非之前，性（人性）的意義有二重：

一、性為生，引申為生命或性命。性的初義是生，《說文繫傳通論》說：「性者，生也。既生有稟，曰性。」〔註24〕意謂人的這種內在質性是與生命一起降生的。莊子謂：「性者，生之質也」，〔註25〕說的就是人的內在的自然本性。告子謂：「生之謂性」「食色性也」，〔註26〕以性為先天的資質或氣稟所構成的人性。孟子謂：「人之所不學而能者，其良能也；所不慮而知者，其良知也」，〔註27〕認為人性之善（孟子所認知之人性）是人生而具有的良知良能。荀子謂：「性者，本始材樸也」，〔註28〕「凡性者，天之就也，不可學，不可事。……不可學、不可事、而在人者，謂之性」，〔註29〕性指人天生即具有的，未經加工的自然材質，此種材質之賦予人，並非經由學習或改造，此種人性，或稱為人類之本能，必須符合生而有之、人皆有之、不學而能三個條件。〔註30〕

二、性為善惡，亦即以道德評價來論人性。認定人之行為，原始之啟發在其內心，觀其行便可知其性。凡行為或事件符合（後天所定的）一定的道德原則或規範的謂之善，其違背此種原則或規範的謂之惡，但對於善惡是否先驗的人之稟賦，是否生而即有，則諸家頗有爭議。已見前節，世碩、告子、孟子、荀子之言性的善惡。

　　綜合一、二，乃又產生人特有之性及人與動物共有之性的分辨：人與動物共有之屬性稱為動物屬性（其在人者為人之本能，人為動物之一種，所謂高等動物，自必具有動物之性），或稱自然屬性，告子「食色性也」的性屬之，「既生有稟」及「生之質」的性，絕大部分屬之。自然屬性涵攝之範圍極廣，乃人生而皆具的基本屬性，種種生理與心理之自然現象，均為此種屬性之投射，論人性時絕不可因其為動物屬性而故意忽略。孟子「人之異於禽獸者幾希矣」的「幾希」之性，則為人特有之性；此種「幾希」之性，乃是分辨道

〔註24〕〔南唐〕徐鍇：《說文解字繫傳》（北京市：中華書局，1998 年 12 月一版二刷），頁 309、310。
〔註25〕〔清〕郭慶藩：《莊子集釋・庚桑楚》（台北市：木鐸出版社，1982 年 9 月初版），頁 810。以下引述《莊子》原文，皆依《莊子集釋》，均直引篇目及頁碼。
〔註26〕《孟子・告子上》，頁 618、619。
〔註27〕《孟子・盡心上》，頁 676。
〔註28〕《荀子・禮論》，頁 270。
〔註29〕《荀子・性惡》，頁 330、331。
〔註30〕傅統先：《哲學與人生》（台北：天文出版社，1980 年），頁 113。

德上善惡的屬性，儒家以爲人禽之分在此，稱爲道德屬性，論人性時，自必須予以考量。但如要把人性的內涵敘述得正確而完整，則道德屬性與自然（動物）屬性，必須兩端併存，缺一不可。此所以孟子之人性論爲道德屬性，但以「心之放失」與自然屬性相連。荀子之人性論爲自然（動物）屬性，但以「有義」「有辨」「能群」與道德屬性相接，蓋非如此，人性之論述就會有所缺漏而失諸完整。

韓非在人性思想上的持論，大率以自利爲主軸，茲以父子夫妻、君臣上下、經濟社會爲之分類，條列如下：

父子夫妻：

> 人爲嬰兒也，父母養之簡，子長而怨。子壯盛成人其供養薄，父母怒而誚之。子父、至親也，而或譙或怨者，皆挾相爲，而周不於爲己也。〔註31〕

> 且父母之於子也，產男則相賀，產女則殺之，此俱出父母之懷袵，然男子受賀，女子殺之者，慮其後便，計之長利也。故父母之於子也，猶用計算之心以相待也。而況無父子之澤乎！〔註32〕

父子間的骨肉之親，竟也能在各爲己利的考量上，衡長較短；產男（增加生產力）產女（出了賠錢貨）之相賀或殺之，前者應爲社會之常態，後者亦必爲當時人所能知之事例，以此舉證好利自爲之心，令人不得不爲之印象深刻。

> 衛人有夫妻禱者，而祝曰：「使我無故，得百束布！」其夫曰：「何少也？」對曰：「益是，子將以買妾。」〔註33〕

> 夫妻者，非有骨肉之恩也，愛則親，不愛則疏。語曰：「其母好者，其子抱。」然則爲之反也，其母惡者，其子釋。丈夫年五十，而好色未解也。婦人年三十，而美色衰矣，以衰美之婦人，事好色之丈夫，則身疑見疏賤，而子疑不爲後。此后妃夫人之所以冀其君之死者也。〔註34〕

> 爲人主而大信其妻，則姦臣得乘於其妻以成其私，故優施傅麗姬，殺申生而立奚齊。……故后妃夫人太子之黨成，而欲君死也。君不

〔註31〕〈外儲說左上〉，頁493。
〔註32〕〈六反〉，頁91。
〔註33〕〈內儲說下〉，頁439。
〔註34〕〈備內〉，頁195。

死，則勢不重。情非憎君，利在君之死也。故人主不可以不加心於
利己死者。〔註35〕

夫妻之間，未見情分之表露，惟在私欲之滿足與利害之考量。所求之布帛少，
乃考慮到布帛多時丈夫買妾對己之不利，作爲后妃的盼望其夫早死，也都基
於自利的理由。

君臣上下：

君以計畜臣，臣以計事君。君臣之交計也：害身而利國，臣弗爲也；
害國而利臣，君不行也。臣之情，害身無利；君之情，害國無親。
君臣也者，以計合者也。〔註36〕

臣盡死力以與君市，君垂爵祿以與臣市。君臣之際，非父子之親也，
計數之所出也。〔註37〕

黃帝有言曰：「上下一日百戰。」下匿其私，用試其上。上操度量，
以割其下。〔註38〕

君臣之利異，故人臣莫忠。故臣利立，而主利滅。是以姦臣者、召
敵兵以內除，舉外事以眩主，苟成其私利，不顧國患。〔註39〕

知臣主之利異者王，以爲同者劫，與共事者殺。〔註40〕

人臣之於其君，非有骨肉之親也，縛於勢而不得不事也。〔註41〕

堯之王天下也，茅茨不翦，采椽不斲，糲粢之食，藜藿之羹，冬日
麑裘，夏日葛衣，雖監門之養，不虧於此矣。禹之王天下也，身執
耒臿，以爲民先，股無胈，脛不生毛，雖臣虜之勞，不苦於此矣。
以是言之，夫古之讓天子者，是去監門之養，而離臣虜之勞也，故
傳天下而不足多也。〔註42〕

君臣利異，互以計數相合，公私相背，利害相反，上下交計，各爲自身而謀，

〔註35〕同前註，頁 195、196。
〔註36〕〈飾邪〉，頁 212。
〔註37〕〈難一〉，頁 319。
〔註38〕〈揚搉〉，頁 709。
〔註39〕〈內儲說下〉，頁 428。
〔註40〕〈八經〉，頁 155。
〔註41〕〈備內〉，頁 195。
〔註42〕〈五蠹〉，頁 29。

各取自身所需，相處之道，完全寄托在勢與利之上。在利多利少的考較之下，禪讓帝位不足爲美，臣盡死力以爲君，不以之爲忠；君以爵祿報臣之力，不以之爲厚。個人一己之私利，成爲重於一切的優先考量。

經濟社會：

> 今世之學士語治者，多曰：「與貧窮地，以實無資。」今夫與人相若也，無豐年旁入之利，而獨以完給者，非力則儉也。與人相若也，無饑饉疾疚禍罪之殃，獨以貧窮者，非侈則惰也。侈而惰者貧，而力而儉者富。今上徵斂於富人，以布施於貧家，是奪力儉而與侈惰也。而欲索民之疾作而節用，不可得也。〔註43〕

> 夫耕之用力也勞，而民爲之者，曰：可得以富也，戰之爲事也危，而民爲之者，曰：可得以貴也。〔註44〕

> 夫買庸而播耕者，主人費家而美食，調錢布而求易者，非愛庸客也，曰：如是，耕者且深，耨者熟耘也。庸客致力而疾耘耕，盡功而盡畦陌者，非愛主也。曰：如是，羹且美，錢布且易云也。此其養功力，有父子之澤矣，而必周於用者，皆挾自爲心也。故人行事施予，以利之爲心，則越人易和；以害之爲心，則父子離且怨。〔註45〕

> 醫善吮人之傷，含人之血，非骨肉之親也，利所加也。故輿人成輿，則欲人之富貴；匠人成棺，則欲人之夭死也。非輿人仁，而匠人賊也。人不貴，則輿不售；人不死，則棺不買，情非憎人也，利在人之死也。〔註46〕

世人無時無刻不爲謀求自己的最大利益而努力。待人接物，送往迎來，一切皆以「利」作爲衡量之標準，利與害之外，更無其他存心與考量。徵於富人而施於貧家，不謂調和社會差距而稱奪力儉而與侈惰；主人善待庸客，庸客致力播耕，不稱美良好之主庸關係，而以之各爲己謀；醫師、輿人、匠人，求一有善心仁心者而不可得，在利害考量的取準下，誠所謂舉世滔滔皆濁。

　　以上乃韓非參驗稽決之所舉，其中多以考徵之事實爲根據。這些事實，或載諸史書，或爲當時習見之社會現象；其不以事例爲根據而以推斷獲致結論者，

〔註43〕〈顯學〉，頁9。
〔註44〕〈五蠹〉，頁50。
〔註45〕〈外儲說左上〉，頁496、497。
〔註46〕〈備內〉，頁196。

即使在千餘年之後的今日仍具相當的合理性，當時之不爲人所疑而信服，應屬更有可能。但如將此種論述作爲韓非人性思想被歸於性惡論之原因，則大有辯解餘地（詳下節）。《韓非子》未有論人性之專篇，韓非有關人性之見解，散見於書中各篇，所舉雖以人性之自然屬性爲絕大宗，但亦未嘗遺忘人所獨具之道德屬性。茲先引述《列子》及《淮南子》之說，以見道德屬性之所指：「人所貴於禽獸者，智慮。智慮之所將（秉承也）者，禮義。」〔註 47〕「人之情，思慮聰明喜怒也。」；〔註 48〕韓非云：「夫智、性也；壽、命也。性命者，非所學於人也。」〔註 49〕以及「聰明睿智、天也，動靜思慮、人也。人也者，乘於天明以視，寄於天聰以聽，托於天智以慮。」〔註 50〕這些關於人性的見解，應是屬於定義道德屬性的。〔註 51〕

在道德屬性上的見解，仁心方面，韓非以「人之情性，莫先於父母皆見愛，而未必治也。」〔註 52〕由父母的情性之愛而知「夫天性仁心固然也」、〔註 53〕稱讚德性仁義的高尚境界：「道有積，而積有功；德者、道之功。功有實，而實有光；仁者、德之光。光有澤，而澤有事；義者、仁之事也。」、〔註 54〕「仁者、謂其中心欣然愛人也。其喜人之有福，而惡人之有禍也，生心之所不能已也，非求其報也。」、〔註 55〕「義者，君臣上下之事也，父子貴賤之差也，知交朋友之接也，親疏內外之分也。臣事君宜，下懷上宜，子事父宜……」〔註 56〕肯定忠、孝、順的外在表現價值：「臣事君，子事父，妻事夫，三者順則天下治，三者逆則天下亂，此天下之常道也，明王賢臣而弗易也。」〔註 57〕讚揚孔子：「仲

〔註 47〕嚴北溟、嚴捷：《列子譯注》（台北：書林出版公司，1995 年 8 月），頁 179。
〔註 48〕〔西漢〕劉安等原著，許匡一譯註：《淮南子》（臺北：台灣古籍出版公司，1996 年），頁 490。
〔註 49〕〈顯學〉，頁 18。
〔註 50〕〈解老〉，頁 736。
〔註 51〕「性命者，非所學於人也」亦有研究者認爲韓非所指，是天生所具有的本性，是不學而能，不教而知的，是本能的表現，乃人的自然屬性。見郭名浚：《《韓非子》人性觀究論》（台北：輔仁大學中國文學系碩士論文，1999 年 1 月），頁 9、10。
〔註 52〕〈五蠹〉，頁 36。
〔註 53〕〈外儲說左下〉，頁 525。
〔註 54〕〈解老〉，頁 726。
〔註 55〕同前註，頁 724。
〔註 56〕同前註。
〔註 57〕〈忠孝〉，頁 819。

尼，天下聖人也，修行明道以遊海內，海內說其仁，美其義。」、〔註58〕承認禮義的價值：「國小而不處卑，力少而不畏強，無禮而侮大鄰，貪愎而拙交者，可亡也。」、〔註59〕「遇諸侯有禮義則役希起」、〔註60〕由禮之情貌而言父子之間有其淳厚的一面：「禮、為情貌者也，文、為質飾者也。夫君子取情而去貌，好質而惡飾。……實厚者貌薄，父子之禮是也。」〔註61〕強調守信的作用：「小信成則大信立，故明主積於信。」〔註62〕這些論述雖或部分是為其術用的目的而發，但心中存有此種概念，應是無可置疑。

　　自然屬性與道德屬性，並非互斥關係，並非有此即無彼，有彼即無此，亦即並非有自然屬性，即必然無道德屬性，或有道德屬性，即必然無自然屬性。既非互斥，乃可在相當的程度（因人而異）內彼此相容。把韓非思想定位為絕對的性惡論者，如熊十力先生所言：「韓非之人性論，實紹承荀卿性惡說，此無可諱言也。……通觀韓非之書，隨處將人做壞物看，如防蛇蝎，如備虎狼……」〔註63〕勞思光先生云：「儒學有荀卿『性惡』之說，為韓非所襲取，遂成極端性惡之論，而視一切善行德性為不可能。」〔註64〕以及認定韓非在人性觀點上為完全的動物（自然）屬性論者，對韓非的這些論述，應不可視若無睹。

　　中國思想史上，在韓非之後，再無人有類似主張與之呼應，尋諸西方世界，則英國哲人霍布斯（Thomas Hobbes, 1588-1679）在人性上之立論，幾與韓非雷同。霍氏認為人類之唯一本能乃維持自己生命的最大安全，在這種本能之下，人類都是完全自私自利的，人人都在追求自己權力的擴大，衝突與爭鬥乃必不可免。霍氏以為人的爭鬥有三種：第一為競爭，使人為了利益而侵犯他人；第二為猜疑，使人為了安全而侵犯他人；第三為榮耀，使人為了名譽而侵犯他人。霍氏認為此三種皆為人的原始本性，乃產生社會問題之原因，使人類生活變得殘忍與卑鄙。〔註65〕東西兩位哲人，生卒年代相距近二千年〔韓非，紀元前 280（？）～233〕，吾人固不敢云霍氏之立論曾受韓非之影響，但見解之先後輝映，亦徇非偶然。

〔註58〕〈五蠹〉，頁 36。
〔註59〕〈亡徵〉，頁 117。
〔註60〕〈解老〉，頁 743。
〔註61〕同前註，頁 727。
〔註62〕〈外儲說左上〉，頁 477。
〔註63〕熊十力：《韓非子評論》，頁 13、14。
〔註64〕勞思光：《新編中國哲學史》（台北市：三民書局，1984 年 1 月），頁 359。
〔註65〕轉引自張松禮：《人性論》（台北市：幼獅文化事業公司，1976 年），頁 129、130。

第三節　韓非人性思想之析辨

　　人既有自然（動物）屬性，亦有道德屬性。如前節所述，韓非之立論，雖未完全拋棄道德屬性，但以自然屬性為大端之立論基礎亦係事實，雖然自然屬性與道德屬性之間，亦有些許之重疊。荀子從人之超越水火、草木、禽獸之「有義」、「有辨」、「能群」之「異」而論人性，但考諸動物世界，亦頗有「能群」者，亦有不恤疲敝甚至生死以護佑下一代者，固不可以一概而論。

　　道德屬性所引致的道德行為關乎善惡，但道德屬性之本身究竟是善是惡卻未可確定。〔註66〕道德的標準，因風俗之改變而改變，因時空之差別以及施用對象之差別而不同，〔註67〕昔以女子之三從四德，男子之三綱五常，合乎此為善，否則便是惡，今則已幾乎完全改觀。「孝」與「仁」、「忠」與「愛」，主觀上、直覺上必定是屬於善的東西，其本身卻只是對道德行為所下的一種評語，而並非實質，亦即忠孝仁愛本身並不是實質存在的東西。〔註68〕各時代各社會，對於忠孝仁愛所定的判別標準，一一可考諸典籍，但依此標準所產生的道德行為，不論是由古之視今，或由今之視古，將這些道德行為歸之於善或歸於之於惡（或無法論定其善惡），必定是有所變易的。《韓非子》中關乎人性之論述，可入於道德屬性者甚少（參見第二節），而道德屬性之本身既未可確定其為善為惡，則以韓非之所列述缺少道德屬性之內容，而將韓非歸於性惡論者，邏輯上顯非正確。

　　在《韓非子》之論述中，由於人之「好利惡害」，因而「皆挾自為心」，〔註69〕人為「利」而至於爭奪，乃使人間有子弒父，臣弒君，后妃鴆毒，扼殺其夫，父母賣子殺女，父子相怨尤，兄弟反目成仇，賣棺者欲人多死亡之事例（詳前節所舉），一切罪惡，皆在於「好利惡害」的自私自利之故。韓非以「好利惡害」、「皆挾自為心」為說，則是否可因此而將韓非之人性惡歸於性惡論？學者對此一問題之意見頗為分歧。〔註70〕思考諸學者所持之理由，筆者傾向於認為韓非並非性惡論者，試為之論析如下：

〔註66〕傅統先：《哲學與人生》，頁122、123。

〔註67〕「人性的善惡固無法就當下現實遽下斷語，猶且善惡的衡準，古今未必同然，聖凡之別亦不可同日而語。」蕭振邦：〈韓非哲學的人性觀探論〉，頁34。

〔註68〕傅統先：《哲學與人生》，頁120。

〔註69〕〈外儲說左上〉，頁494。

〔註70〕認其為性惡論者，前已述及，重要的有熊十力、馮友蘭、勞思光、陳榮捷等，認其不是性惡論者，則有張申、林義正、李增等人。

一、「好利惡害」與「挾自為心」乃是自然（動物）屬性，人與動物所共有，自然屬性可歸納為本能、基本衝動與情感三類。本能的活動不具社會性，亦不是有意向的活動，根本不在道德行為的範圍以內，不能說它們是善或是惡。基本衝動如食色等欲望，行為屬性的本身無所謂善惡，〔註71〕情感指愉快感和不愉快感，無關乎道德。佛家以為一切罪惡起於貪，貪起於愛，愛源於有我（情感），但這種快感和不快感同時也是一切善行的根源，它們本身無善惡，它們的善惡在於它們所發生的原因、情境和後效。〔註72〕此一論點之歸結為：「好利惡害」與「挾自為心」乃自然屬性，為人性之一部分（甚或大部分），因此種屬性所產生之行為，或有善惡，但此屬性之本身並無善惡，故韓非之「好利惡害」與「挾自為心」的種種論述，雖然予人道德上之不愉快感，但不能歸之為性惡論。

二、好利惡害與自為心乃是一種心理傾向，韓非所列舉之事例，雖引發違逆善良風俗之道德聯想，但亦只是肯定人具有這種心理傾向而已。此種傾向是人類欲望中的欲求好惡之表現，欲求之所「好」（喜歡），與欲求之所「惡」（討厭），欲求之本身既不是善，亦不是惡。就主觀欲望的自然傾向而言，並無善惡可論；就客體之「利」上言之，「利」的本身也很難說是善或是惡。〔註73〕「好利」與「自為」發之於言行，涉及他人之利害時，則有善惡問題之展現，或可為善，或可為惡，亦或可無善無惡，但其善惡之展現須在其行為效果之後而見之。西哲邊沁（Bentham）曾謂：「動機的善惡只能由這種動機所產生的效果來決

〔註71〕一般對於人類的幾種基本衝動，如食色等欲望，並無好感，荀子主張性惡，即是由這點出發。而過分的放縱這種情欲，往往會產生對社會的不良效應，即荀子所說的「從人之性，順人之情，必出於爭奪，合於犯分亂理而歸於暴。」傅統先：《哲學與人生》，頁122、123。

〔註72〕傅統先：《哲學與人生》，頁123。

〔註73〕李增：〈《韓非子》人性與功利論〉，《國立編譯館館刊》第22卷第1期（1993年6月），頁82、83。儒者罕言利，認為義與利兩者相對立，但「利」是中性名詞，無所謂善，也無所謂惡。或在「利」之上加形容詞曰「公利」或「私利」作為價值判斷，但「公利」固然傾向於善，「私利」也未必就是惡，「自為心」（或「私利」）亦可能為善。人之挾其自為心，舉舉為謀求「私利」，因而澤及他人，福及公利，固亦未嘗無之。子曰：「古之學者為己。」（《論語·憲問》）、「為仁由己」（《論語·顏淵》）、「求仁而得仁」（《論語·述而》），以自為心而修業進德，孔子亦認為是善而當為。

定。假使這個動機有增加快樂或減少痛苦的傾向，它就是善的，否則它就是惡的。事實上，由同一動機所產生的行為有時是善的，有時是惡的，有時是沒有道德關係的。」〔註74〕為韓非「好利」與「自為」的心理傾向（或云動機）之不必為性惡，作了另一個角度的說明。

三、韓非認為人性的趨向是「好利惡害」，性向也者，欲望之所傾向也，並非人之本質屬性。韓非有言：「好利惡害，夫人之所有也。……喜利畏罪，人莫不然。」；〔註75〕「夫安利者就之，危害者去之，此人之情也。」；〔註76〕「凡治天下必因人情。人情者，有好惡，故賞罰可用，賞罰可用則禁令可立而治道具矣。」，〔註77〕人情之所好者何？所惡者何？學者指出：「人情有好惡，所好指安、貴、佚、名、祿、賞等之利，所惡指危、賤、刑、罰、死等之害。歸結是『好利惡害』。」〔註78〕有些學者據韓非所言的「好利惡害，人之所有」，「人情者，有好惡」……等，即認為此乃韓非「性惡論」之確據。此種見解，固大有商榷餘地，其命題之能否成立，也頗有疑問。前已言之，韓非所列述的「好利惡害」，其所「好」（喜歡），其所「惡」（討厭），僅是人類欲望的一種「欲求」（喜好）之表達，或欲望之不欲求（排斥）之表達。試以「好利惡害」之推衍，來省審其命題。「好」與「惡」是及物動詞，其主詞為「欲」（欲望），「好」與「惡」的受詞為「貴、賤、安、危、佚樂、勞苦、富貴、貧賤」，完整的句子（命題）之敘述為：「欲（欲望）好（喜歡）貴（富貴）」；或「欲好佚」（欲望喜歡安佚）；或「欲惡賤」（欲望討厭貧賤）；或「欲惡危」（欲望討厭危險），在這些敘述當中，具有人性內涵的，僅是欲（欲望），而非外在物的「貴、賤、安、危、佚樂、勞苦、富貴、貧賤」，因此「好利惡害，人之所有」並不能構成性惡論的命題，蓋代表「利」「害」之相關物、事，皆非人的內質所有。〔註79〕

再由定義人性的方式來看，「欲」是人性中諸多屬性中的一個，只因人之

〔註74〕轉引自傅統先：《哲學與人生》，頁 122。
〔註75〕〈難二〉，頁 344。
〔註76〕〈姦劫弒臣〉，頁 214。
〔註77〕〈八經〉，頁 150。
〔註78〕林義正：〈先秦法家人性論之研究〉，《哲學論評》第 12 期（1989 年 1 月），頁 169。
〔註79〕李增：《韓非子》人性與功利論〉，頁 83、84。

有「欲」而推論人性之所指（人性的正確定義），未免以偏概全。「欲」屬於自然（動物）屬性，人固然有「欲」，一般動物也有欲，而且也都是「趨利避害」或「好利惡害」，如果只因爲有「欲」且「好利惡害」便歸之於性惡，則人與所有動物皆爲性惡，天下寧有是理！故以「好利惡害，人之所有」、「人情者，有好惡」……等推論韓非爲性惡論者，不僅命題之邏輯性令人懷疑，事理上也難令人信服。

　　綜合以上一、二、三所論，雖未說明韓非人性論之類屬，但應非眾多學者十口所指之「性惡」論，則是十分明顯，而學者中亦有由方法與目的支持此一論證者：「韓非的人性考察，止於自顧之情，已足以就眾人因勢利導，推行法治，如〈八經〉篇所云：『凡治天下，必因人情，人情有好惡，故賞罰可用，賞罰可用，故禁令可立，而治道具矣。』固無需再作形上辯證；況且，人性之本然善惡，實與韓非法治理論體系不相涉，也與他『參驗稽決』的方法不相應，故韓非人性觀實與性惡論無涉」。〔註80〕

第四節　對韓非人性思想立論之探討

　　韓非師承荀子，其人性思想，多由自然屬性上立論，受乃師之影響甚大，應是無可諱言。〔註81〕韓非認爲人需要矯揉使正，與荀子以「僞」而導之正，觀點相似，但荀子主張以禮樂教化與正名的方式導民以正，對人之能修德向上，深信其可。韓非主張藉由厚賞重罰矯揉以正，則對禮樂教化之能修德正人，顯然不具任何信心。禮之約束性與法之強制性，在立竿見影的效果上，自是不能同日而語。

〔註80〕 蕭振邦：〈韓非哲學的人性觀探論〉，頁 35。對於性之善惡，是否須出於形上之論證方能肯定一點，馮友蘭在其《中國哲學史》（1930 年初版，台北：台灣商務印書館，1996 年 11 月增訂台一版三刷，頁 398）中，肯定韓非爲性惡論者：「蓋人之性惟知趨利避害，故惟利害可以驅使之。法家多以爲人之性惡，韓非爲荀子弟子，對於此點，尤有明顯之主張。」後來馮氏發現韓非未在人性上作形上之辯證，並無抽象之人性論，態度乃轉爲猶豫，在其《中國哲學史新編》第一冊（北京：商務印書館，1964 年二版，頁 578～579）中，論述改爲：「韓非沒有提出抽象的人性論，也沒有提過荀了，但是荀子的性惡論似乎對他有極大的影響。他對於具體社會問題的見解，似乎是荀子性惡論的極端應用。」

〔註81〕 方東美在其《中國人生哲學概要》（台北：先知出版社，1974 年原文爲教育廣播演講稿）一書之〈中國先哲的人性論〉章中，只論荀子而不及韓非，或認爲韓非之所論，全不出於乃師之外。

　　《韓非子》五十五篇，未曾有一語明言性惡，「展卷披閱韓子書數過，終其全書未見『性惡』之說。……韓非子通篇所論，莫非人欲也……」〔註82〕但其所舉之例證，無法不使人產生性惡之聯想：「韓非書未明言『性惡』，但各篇內容中常影射人性本惡之觀念，肯定人類『自利』之劣根性。」〔註83〕「自利」、「人欲」乃「好利自為」（「好利惡害」「挾自為心」）屬性的另一角度描述。前已述及「好利惡害」「挾自為心」屬性之本身，並無善惡，準此觀之，「自利」也不能謂其為「劣根性」。韓非並非性善論者，此一觀點應是無人懷疑，在前節之析辨中，亦已得出不能將韓非歸於性惡論者的結論。人必定有人性，在韓非既非性善論者，亦不能歸之於性惡論者的情況下，則以韓非為「無善無惡的自然人性論」者，〔註84〕或將易引起爭議的善惡二字排除在外，逕稱韓非為「自然人性論」〔註85〕者，應是十分相宜。

　　在《韓非子》全書所列有關「人性」之事例中，其有關道德屬性之仁義禮智，使人一見而反射「性善」之事例較少，而有關好利自為欲望傾向之事例則甚多。欲惡論在中國哲學上，幾乎是普遍流行的學說，自易象傳提出窒欲的要求以來，禮記和之，諸子百家沿襲其說，幾乎人人以防欲節欲為生命之能事。〔註86〕韓非遍提此類事例，其被人歸之於「性惡」論者，無乃當然。戰國之世，禮崩樂壞，周文之理想境界早已蕩然無存，救世治時，安撫眾庶，綏靖世局，以仁義感召，應已流於空想，而教育師法，亦是緩不濟急，但強制性之法治，或能收立竿見影之立即性效果——至少韓非之觀點必屬如此。若人性皆善，則推行法治完全無此必要；若人性有善有不善，則推行法治即無絕對之迫切性；唯有凸顯人性的好利自為，遍舉人性價值沉落的「挾利自為」、「好逸惡勞」等眾以為惡之「欲望」傾向，才能凸顯出推行法治的必要性與迫切性。「凡治天下，必因人情。人情者有好惡，故賞罰可用；賞罰可用，則禁令可立，而治道具矣。」。〔註87〕韓非已清楚的闡明了要立禁令（法條）方能使治國之道完備掌握，而人性格傾向中的好惡（所欲與所不欲），乃是法

〔註82〕謝雲飛：《韓非子析論》（台北：東大圖書公司，1989年），頁144。
〔註83〕吳秀英：《韓非子研議》（台北：文史哲出版社，1979年），頁68。
〔註84〕張申：〈再論韓非的倫理思想不是非道德主義〉，《中國哲學史研究》（季刊）第二期（1989年4月），頁67。
〔註85〕告子之「人性無善無不善」，可以視為中性之人性論，此可以免去善惡之辯，但無法解釋自然屬性之生而即有。
〔註86〕方東美：《中國人生哲學概要》，頁32、33。
〔註87〕〈八經〉，頁150。

治禁令必然會產生效果的先決條件。韓非以此立論，亦是法家先輩商鞅「好惡者賞罰之本」〔註88〕所予韓非的啓示。法治推行的理論基礎，完全取決於人性觀，韓非予人「性惡」論之印象，或有其勢所必至的不得不然。

承第二節所述，韓非雖認知道德善性存在之事實，但卻不認同道德善性必然展現的普遍性價值，而將之限於一隅。韓非認爲「蓋貴仁者寡，能義者難也。故以天下之大，而爲（仲尼）服役者七十人，而仁義者一人。」；〔註89〕「貞信之士不盈於十」，以貞信之士爲用，則會「治者寡而亂者眾」；〔註90〕道德善性確然有其普遍性價值，但道德善性是否普遍存在於每一個人，則人性論者多爭論不休，以致於「唯上知（智）下愚不移」、〔註91〕「人皆可以爲堯舜」、〔註92〕「斗筲之性不可以名性」、〔註93〕「一闡提人皆可成佛」〔註94〕等論點，各有支持之基礎；韓非則根本懷疑人之具有天生的道德善性，〔註95〕縱或有時隱時現的道德上的適然之善，也只限於少數人之身，而自然屬性所反映的種種「好利惡害」「挾自爲心」趨勢，也必思予以匡正導引。匡正之道，或以教化，或以賞罰，且不言教化收效之難以立竿見影，當時之所見，普羅大眾或是難以教化，或是根本無法教化，因此在「爲治者用眾而捨寡」的原則下，「不務德而務法」。當現實環境已離開競於道德、逐於智謀的時代，不得不在爭於氣力的氛圍中爭

〔註88〕 朱師轍：《商君書解詁定本・錯法》（台北市：鼎文書局，1979 年 2 月），頁 39。以下引述《商君書》原文，皆依《商君書解詁定本》，均直引篇目及頁碼。

〔註89〕 〈五蠹〉，頁 36。

〔註90〕 同前註，頁 48。

〔註91〕 《論語・陽貨》，頁 319。

〔註92〕 《孟子・告子下》，頁 644。

〔註93〕 〔漢〕董仲舒：《春秋繁露・實性》，載於蕭天石總主編：《中國子學名著集成・珍本初編儒家子部》（台北市：中國子學名著集成編印基金會，1978 年 12 月初版）027 冊，頁 267。

〔註94〕 佛教高僧竺道生，由於獨悟，對眾生皆有佛性之說深信不疑，西元 418 年覺賢禪師所譯之《大盤泥洹經》中有一闡提不具佛性的記載，道生認爲此義與眾生皆有佛性說有顯著之矛盾，乃公然提出「闡提可以成佛」之主張，京師眾僧以其離經叛道，將之逐出僧團，其後數年，《涅槃經》出世，經中有與道生相同之主張，方始洗刷其「背經邪說」之罪名，亦更提高了信徒對其之尊敬。見韋政通：《中國思想史》，頁 770。按：「一闡提」人乃行爲極惡之人。

〔註95〕 韓非在〈五蠹〉篇中，相當程度的表明了人們所熟知的道德觀念，或政治統治上的道德理想，只是一種表象，所有這些道德表象，經過進一步分析，就可清楚的看出其眞相是人性的好利自爲。參見邱黃海：《從「任勢爲治」說的形成論韓非思想的蛻變》（國立中央大學哲學研究所博士論文，2007 年 1 月 2 日），頁 144。

勝圖存，則認定人性好利自為，務實的使以賞罰為主的法治有所根據，未嘗不是法治與德治在韓非心中矛盾衝突後的調和與超越。好利自為，是人人具有的、根深柢固的自然屬性，縱或不見其中之善，但必可見其中之真；由另一個方向觀察，人若不好利自為，其動力無由激發。共產主義以齊頭式之平等共享，壓抑個人之好利自為，導致社會進步陷於停滯，不得不朝社會主義方向修正。就政治的角度來看，韓非以人性的好利自為立論，有其方法上的正確性。吾人固可以指出韓非人性觀在認知上的偏頗，也可以指出許多韓非觀察人性時在道德層面上的矛盾，但或亦當心許韓非倚此而建立的政治上的法治觀，為兩千年以來的社會安定，奠立了穩固的基石。

第五節　小　結

　　人性之好利自為，乃韓非政治思想之立論基礎，韓非的此一觀點，應非眾家所言之性惡論。韓非人性思想之所承，雖以主張性惡論之荀子為多，但先秦諸子之人性主張，對韓非亦有一定程度之激發與反思，並在韓非之人性觀上佔有相當之分量。人性包含道德屬性與自然屬性兩者，祇以其中之一論述人性，乃失之於以偏概全。韓非之人性論述，雖以自然屬性為大宗，但其在道德屬性上之所見，也不容故意予以忽略。道德屬性所引致之道德行為，可以有善惡之辨，但道德屬性之本身，卻難以確定其善惡；自然屬性涵攝本能、基本衝動與情感三類，皆不能以善惡為之論準，以此觀測韓非之人性思想，則韓非宜乎為「無善無惡的自然人性論」者或「自然人性論」者。進一步言之，韓非所觀察到的種種人性自為事例，雖偏向於觀察使人聯想到惡的一面，但其人性自為之立說，並非價值問題，而是認知問題。〔註96〕認知問題有真假可言，如不能由其所舉之事例中指出其所觀察之敘述為虛假，則其立說即屬真實。「人性自為」雖非美善，其為真則無庸置疑。韓非以此立論，就政治的角度來看，有其方法上的正確性。

〔註96〕陳伯鏗：〈論韓非之人性觀及其政治思想〉，《復興崗學報》第 18 期，頁 110。

第三章　韓非政治思想中的法、術、勢

　　政治思想是韓非思想的核心，把整本《韓非子》目爲韓非政治思想——加上一些其他的補白和陪襯——也不爲過。法、術、勢是韓非政治思想的基素。在韓非之前，法家前輩已經有了對法、術、勢的理論和詮釋，相當部分還具有付諸實施後的驗證，但在韓非看來，前輩們的這些論述和詮述，基本上仍有不足和缺失之處。韓非融匯法、術、勢的思想於一體，集法家思想之大成，對於法、術、勢三者，有承繼亦有發明。茲就此三基素，分項論述，以知其各別的旨趣所指，再於下章之「法、術、勢邏輯結合」中，合而論述，以明其鵠的所歸。

第一節　法

壹、法之概念

　　論「法」之前，實應先對法之概念作明確之定義，但考諸所見籍冊，各家對此，或略而不談，似以爲此乃不言自知之概念，或言多簡省，留下甚多空間使閱讀者自行體會，而所言者亦不盡相同。謹就蒐羅所及，闡述如下：

　　從文字的意義上觀測，「法」爲「灋」字的省文，而「灋」字由三部分組成，其一爲「氵」（水），象徵法的「平之如水，從水」，其二爲「廌」，廌是一種傳說中的動物：「獸也，似牛，一角。古者決訟，令觸不直者。」其三爲「去」，表示一種驅除的動作。所以對灋字的釋義爲：|刑也，平之如水，從水，廌所以觸不直者去之，從廌去。」〔註1〕「刑」則是「罰辠也，從井，從

〔註 1〕段玉裁：《說文解字段注》（台北：藝文印書館，1966 年 10 月 11 版），第十

刀。《易經》曰：井，法也，井亦聲。」〔註 2〕意乃：刑乃懲罰罪過，由井、由刀會意。《易經》云：「井水之平，是法律的象徵。」井也表聲。〔註 3〕

　　對這樣的釋義，似乎仍有爭議，李甦平記述當代著名學者蔡樞衡之語，謂蔡先生積二十餘年研究，對此之結論爲：「平之如水四個字，是後世淺人所妄增，……『水』的含義不是象徵性的，而純粹是功能性的。它指把犯罪者置於水中，隨流飄去，就是現在所謂的驅逐。」〔註 4〕

　　梵語之 dharma（達摩），中譯爲「法」，根據印度教義，法既是支配個人行爲的宗教倫理規範，也是處在不同等級，不同地位，不同階段的人應追求的人生四目的之一。佛教認爲，法是佛陀所揭示的適用於任何時代、任何人的普遍原理和眞諦。在耆那教哲學中，「法」除了作道德解之外，還指永恆的質，它是使萬物得以運動的介質。〔註 5〕

　　以上除了「平之如水」與「置於水中驅逐之」在解釋上有互斥之處外，餘率皆可以相容，取其聯集并「平之如水」與「驅逐」二者之任一，作爲對「法」廣義性的概念認識，庶幾乎可以令人接受。

貳、法治思想在歷史上的演變與發展

　　人類自有群聚社會之始，法之規範或即已開始形成，然無文字記載，無法溯及遠古。中國之法治思想，則在先秦之前，便有信史可徵。〔註 6〕管仲是第一個留下「法」論述記錄的人，且留下之論述，分量頗爲可觀。管子任法篇云：

> 法者，天下之至道也，聖君之實用也。……有古法，有守法，有法於法。夫古法者，君也；守法者，臣也；法於法者，民也。君臣上下貴賤者從法，此謂爲大治。〔註 7〕

篇上，頁 474。

〔註 2〕同前註，第五篇下，頁 218。

〔註 3〕此處之白話釋義，取自湯可敬：《說文解字今釋》（長沙市：岳麓書社，2004年 6 月第四次印刷），頁 685。

〔註 4〕李甦平：《韓非》（臺北：東大圖書公司，1998 年 10 月初版），頁 152。

〔註 5〕《大不列顛百科全書中文版》（台北：丹青圖書有限公司，1987 年 9 月），第 4 冊，頁 473。

〔註 6〕學術上以孔子出生至秦統一六國爲先秦時期（西元前 551 年至西元前 221 年）。管仲（西元前 725 年至西元前 645 年）之生，較孔子（西元前 551 年至西元前 479 年）之生早 174 年。

〔註 7〕王冬珍等校注：《新編管子》（台北市：國立編譯館，2002 年 2 月初版），頁

古法，即制定法度。〔註8〕亦即法爲國君所立。古代並非民主政治，並無今之立法機構，法爲君所立，應無所疑，而管仲則是第一個說出「法爲君所立」的人。管子任法篇云：

> 聖君任法而不任智，任數而不任說，任公而不任私，任大道而不任小物，然後身佚而天下治。

> 所謂仁又禮樂者，皆出於法，此先聖之所以一民者也。……法不可不恆也，存亡治亂之所出，聖君所以爲天下大儀也。君臣上下貴賤皆發焉，故曰「法」。〔註9〕

管子七臣七主篇云：

> 夫法者，所以興功懼暴也。律者，所以定分止爭也。〔註10〕

管子心術篇云：

> 簡物小大一道，殺僇禁誅謂之法。〔註11〕

管仲相齊桓公，齊桓爲春秋五霸的第一個，故管仲實爲春秋時期開霸術風氣之先者，其稱霸的手段，是對內運用法治，提昇國君專政權威，迅速達成國富兵強，以君臨諸侯使各國畏服。管仲之法治思想，是針對春秋時代的封建背景而發，言法而不廢禮與教育，以爲法雖不可廢，但王道政治，正統思想，必以教爲先，以禮爲重，而行法則是以濟教與禮之所不及。〔註12〕

管仲之後，言法最盛且其法治理論載之於史冊者爲商鞅。但管仲之後，商鞅之前，兩位對法治有鉅大貢獻者，特值一記，一爲鄭國之子產，一爲魏國之李悝。兩人在法治思想上之立言，或已佚而失傳，無從考証，〔註13〕但

1027、1029。

〔註8〕 馮友蘭：《中國哲學史》，頁393。引管子卷十五，頁5～6。其文爲：「有生法，有守法，有法於法。夫生法者，君也。」「生法」爲制定法度，應無所疑。《新編管子》作「古法」，而語譯亦解爲制定法度。按：古、從十口，徐鍇：《繫傳》："古者無文字，口相傳也。"〔見湯可敬：《說文解字今釋》，頁313。〕將古法解作口相傳法，而口相傳法者，君也，亦寓「生法者，君也」之意。

〔註9〕 王冬珍等校注：《新編管子》，頁1021、1022、1024、1025。

〔註10〕 同前註，頁1139。

〔註11〕 同前註，頁897。

〔註12〕 徐漢昌：《管子思想研究》（台北市：台灣學生書局，1990年6月初版），頁200。

〔註13〕 子產爲春秋晚期大政治家，其事蹟多見於《左傳》，但其在「法」上之立言，未有專書；李悝著《法經》，其書早已佚失，殘存之六個篇目還見於《唐律疏議》，依次爲盜法、賊法、囚法、捕法、雜法、具法。

子產首鑄刑書（事在西元前 536 年），成爲中國歷史上第一部成文法與公布法，子產又主張嚴刑，其「夫火烈，民望而畏之，故鮮死焉；水懦弱，民狎而翫之，則多死焉。」〔註 14〕實寓有以刑止刑之意，與「殷之法，棄灰於公道者斷其手」所欲達到的「行所易不關所惡」〔註 15〕殊途而同歸。李悝集當時諸國的刑典，整理編撰，寫成《法經》，李甦平云，此部法經，「商鞅受之以相秦，漢承秦制，乃秦漢舊律的藍本」，「在中國封建社會中，一直是歷朝法律的基礎。」〔註 16〕「刑書」是針對封建貴族的刑法加以整理和編輯，《法經》所針對的，乃是代封建貴族而起的新興私田主，而在其他的社會階級興起之前，私田主也即代表全民，由針對貴族到針對全民，李悝的《法經》實具有承先啓後的重大意義。

商鞅之任法，留下許多論述，足以使吾人稽考其法治思想，茲舉其要者：

商君書更法篇云：

> 法者，所以愛民也；禮者，所以便事也。是以聖人苟可以強國，不法其故；苟可以利民，不循其禮。……三代不同禮而王，五霸不同法而霸，故知者作法，而愚者制焉，賢者更禮而不肖者拘焉。〔註17〕

商君書錯法篇云：

> 臣聞古之明君，錯法而民無邪，舉事而材自練，行賞而兵彊，此三者治之本也。夫錯法而民無姦者，法明而民利之也。……是以明君之使其臣也，用必出於其勞，賞必加於其功。

> 人生而有好惡，故民可治也。人君不可以不審好惡；好惡者，賞罰之本也。〔註18〕

商君書賞刑篇云：

> 聖人之爲國也：壹賞，壹刑，壹教。壹賞則兵無敵，壹刑則令行，壹教則下聽上。夫明賞不費，明刑不戮，明教不變，……所謂壹刑

〔註14〕楊伯峻：《春秋左傳注》（台北：洪葉文化，1993 年），頁 1421，昭公二十年。又陳啓天：〈內儲說上‧七術〉，《增訂韓非子校釋》，頁 398 引之曰：「子產相鄭，病將死，謂游吉曰：『我死後，子必用鄭，必以嚴蒞人。夫火形嚴，故人鮮灼；水形懦，故人多溺。子必嚴子之形，無令溺子之懦。』」
〔註15〕〈內儲說上‧七術〉，頁 400。
〔註16〕李甦平：《韓非》，頁 156。按：周行封建，中國的專制萌於春秋戰國之時，而確立於秦漢，李先生文中「封建」二字，若改爲「專制」或更爲妥適。
〔註17〕《商君書‧更法第一》，頁 2、3。
〔註18〕《商君書‧錯法第九》，頁 38、39。

者，刑無等級，自卿相將軍以至大夫庶人，犯國禁，亂上制者，罪
死不赦。有功於前，有敗於後，不爲損刑。有善於前，有過於後，
不爲虧法。〔註19〕

商君書定分篇云：

法令者，民之命也，爲治之本也，所以備民也。……故聖人爲法，
必使之明白易知，……法令明白易知，爲置法官吏爲之師以道之知，
萬民皆知所避就──避禍就福，而皆以自治也。〔註20〕

由管仲（西元前725～645）至商鞅（西元前390～338），三百餘年之間，
封建宗法從原來的搖搖欲墜而至於完全崩潰，早期維繫封建宗法，以禮行之，
法僅居附屬性的輔助地位。宗法封建制度中，「禮不下庶人，刑不上大夫」，
禮的施用對象，還只是社會上層的小眾，至管仲時，禮的約束性已經大大減
弱，孔子雖推崇管仲的尊王攘夷：「如其仁，如其仁」，卻也譏嘲管仲的不知
禮：「管氏而知禮，孰不知禮。」〔註21〕禮的約束力減少的同時，對法的倚賴
不得不隨之俱增，法的強制性因而益顯，而法的施用對象，也普及到國君以
下的天下萬民：「刑無等級，自卿相將軍以至大夫庶人，犯國禁，亂上制者，
罪死不赦。」法治思想，因應政治和社會的改變而改變，管仲時禮法之間，
禮還佔相當的比重，商鞅的思想中，法已遠遠的凌駕於禮之上，其間子產的
鑄刑書到李悝的撰《法經》，明顯的可以看出禮治與法治間的這種過渡。〔註
22〕

此外，必須一提者爲荀子（西元前340年至245年，較商鞅晚生50年），
荀子是一代大儒，但「荀卿思想因受時代影響，亦有一部分與法家接近了。」
〔註23〕其言論亦已傾向於法家。〔註24〕荀子的性惡論：「人之性惡，其善者僞
也」〔註25〕所舉的性惡諸例，皆爲人的自然之性。韓非受業於荀子，其對政治

〔註19〕　《商君書・賞刑第十七》，頁59、60、61。
〔註20〕　《商君書・定分第二十六》，頁94、95、96。
〔註21〕　《論語・憲問》，頁272及《論語・八佾》，頁104。
〔註22〕　參見李甦平：《韓非》，頁156。
〔註23〕　陳啓天：《增訂韓非子校釋》附錄二：〈韓非及其政治學〉，，頁938。
〔註24〕　王叔岷：〈司馬遷論慎到、申不害與韓非之學〉，《史語所集刊》54冊，1983
　　　　年1月，頁89～90。中云：「禮義爲儒家所重，勢、法正、刑罰（三者）乃法
　　　　家所重，荀子暸解僅憑禮已不足以成化，必須配合勢、法正、刑罰乃可以爲
　　　　治，其言論已傾向法家。」
〔註25〕　《荀子・性惡》，頁329。

參、韓非的法治思想

韓非（西元前 280～233）在商鞅之後約百年，已是戰國時代〔註26〕之末期，在商鞅變法之後，秦國大治，國勢日強，成為「山東諸國」的心腹大患。雖然商鞅在秦孝公死後，由於宗室貴戚勢力的反撲而遭車裂滅族，但是「秦法未敗」，仍然施行商鞅的法治政策而雄霸西陲，山東諸國，或合縱以拒秦，或連橫以自保，對抗或聯合，都是以秦國為唯一對象。韓非為韓之諸公子，而韓介於秦與諸大國之間（西為秦國，南為楚國，東為齊國，北為趙、魏），國勢最為弱小，不論合縱或連橫，韓都是最蒙其害。申不害（西元前 400～337，約與商鞅同時）相韓時的「國治兵強，無侵韓者」早已一去不復返。國力不如外邦，「王資」欠缺，「重人」左右國政，內政不修，屢屢上書韓王，盼行法治以富國強兵，卻在實際的政治考量中始終未蒙採納——或許得過且過，尚能因循一段時日，變法改革難保不召來立即的蕭牆之禍——韓非的政治思想，便是產生在這樣的歷史背景和氛圍下。

茲以法體、法性和法用說明韓非的法治思想：

一、法體，即法的實質和本體。〔註27〕韓非論法體，有以下二端：

其一，法貴客觀無私，亦即以法衡量是非善惡是由多方面的觀察推測而產生結論，完全不含個人的主觀成分。韓非云：

> 巧匠目意中繩，然必先以規矩為度；上智捷舉中事，必以先王之法為比。故繩直而枉木斲，準夷而高科削，權衡懸而重益輕，斗石設而多益寡，故以法治國，舉措而已矣。法不阿貴，繩不撓曲。法之所加，智者弗能辭，勇者弗敢爭。刑過不避大臣，賞善不遺匹夫。故矯上之失，詰下之邪，治亂決謬，絀羨齊非，一民之軌，莫如法。〔註28〕
>
> 故鏡執清而無事，美惡從而比焉。衡執正而無事，輕重從而載焉。夫搖鏡則不得為明，搖衡則不得為正，法之謂也。故先王以道為常，

〔註26〕戰國時期止於秦王政二十六年（西元前 221 年）秦統一中國，起自何年則有四說，1.司馬遷：《史記‧六國年表》作周元王元年（西元前 475 年）；2.司馬光：《資治通鑑》作周威烈王二十三年（西元前 403 年）；3.呂祖謙：《大事記》作魯哀公十四年（西元前 481 年）；4.林春溥：《戰國紀年》和黃式三：《周季編略》同作周貞定王元年（西元前 468 年）。摘自中國歷史大辭典編纂委員會：《中國歷史大辭典》（上海市：上海辭書出版社，2001 年 1 月第五次印刷），頁 2149。

〔註27〕李甦平：《韓非》，頁 165。

〔註28〕〈有度〉，頁 262。

以法為本。〔註29〕

天地間最客觀無私的，韓非認為莫過於天道，也就是自然之道，韓非認為天道、自然都在法之中。〔註30〕天道合乎自然，是有常的，是立法的原則和準據，凡事依法而行，也就是順天道而行，則事易成而理有序。逆天道而用智能，則是捨客觀，是惑亂之由。合乎天道，是法的實質。韓非云：

> 明主使其群臣，不遊意於法之外，不為惠於法之內，動無非法。〔註31〕

> 明主之道，必明於公私之分，明法制，去私恩。〔註32〕

> 人主使人臣，雖有智能，不得背法而專制；雖有賢行，不得踰功而先勞；雖有忠信，不得釋法而不禁。此之謂明法。〔註33〕

> 聖人之道，去智與巧。智巧不去，難以為常。民人用之，其身多殃，主上用之，其國危亡；因天之道，反形之理，督參鞠之，終則有始，虛以靜後，未嘗用己。〔註34〕

用智乃是徒然逞一時之巧，違反常理，在許多質性類似的事情上，常常是可用於此，不可用於彼，事事求智巧，往往到頭來左右支絀，成少敗多。韓非以為上用智巧則亡國，民用智巧則身危。凡事依循法理，勿以智巧而超乎法理之外，順應自然的規律，根據事物的本性，督察參驗，反復窮究，置自己的主觀於事外。此言去智與巧，循法理而立的法是客觀法。

其二，法須成文，且須公布周知。子產鑄刑書，就是把刑法的條文鑄在青銅做的鼎上，公布於眾，垂諸久遠。因此成文法與公布法的實施，早在韓非出生之前二百四十餘年便已開始。法成文，則標準確定，且確定之標準可訴諸公評；法公布，則民知所從所避。於是法乃由王者御民之密術，變而為人君齊民之工具，此為「法」在歷史里程碑上的一大進步。其後李悝輯成《法經》，以其所存之篇目名稱來觀察，屬於成文法無乃當然，而更為複雜細節的內容，或已不便於鑄在鼎或其他青銅器上，依當時使用的書寫工具來看，應是用筆寫在竹片或木片上，用繩串編成簡冊。《法經》必然會存之官府，至於

〔註29〕　〈飾邪〉，頁209。
〔註30〕　徐漢昌：《韓非子釋要》，頁167。
〔註31〕　〈有度〉，頁261。按：其內文為「不遊意於法之內」，與後文不合，據陳奇猷·《韓非子集釋》（台北：世界書局，1981年3月三版），頁88改。
〔註32〕　〈飾邪〉，頁211。
〔註33〕　〈南面〉，頁126。
〔註34〕　〈揚摧〉，頁699。

是否公布於民，則未見說明。

　　由《刑書》及《法經》的情形來看，以後的「法」必然是成文的，也有可能把成文的法條，公諸民眾，但卻沒有規定，法「必須」是成文的，且「必須」要對民眾公布。韓非在此，給了「法」一個新的面貌。韓非云：

　　　法者，編著之圖籍，設之於官府，而布之於百姓者也。〔註35〕

「編著」即謂法必須為成义。全句之釋意，即謂在形式上，法須定為成文，須設置於官府，須公布於百姓。形式乃事態所表現的外貌，無外貌則實際之內涵無從知悉，無形式則實質無從呈現。換言之，若法不定為成文，不設置於官府，不公布於百姓，三者之中少了任何一項，法即不成其為法。「成文法」和「公布法」（設置於官府乃屬必然，可不論）是相對於「習慣法」而言，「習慣法」不形諸於文字，自也無從公布於百姓，「習慣法」是指在社會生活中經長期實踐而形成的大家共守的行為規範，它是靠傳統的力量和眾人內心的信念來維持。韓非認為，只有「成文法」和「公布法」才是真正的「法」，沒有客觀標準和依據的「習慣法」不能稱之為「法」。〔註36〕

　　　法者，憲令著於官府，賞罰必於民心，賞存乎慎法，而罰加乎姦令

　　　者也，此人臣之所師也。〔註37〕

憲令即法令，著於官府，謂在官廳公布，「法者」謂「法度就是」，此重申韓非所定義之法乃是公布法，而非祕密法。

　　客觀法、成文法、公布法構成了韓非論「法體」的三大支柱。支柱堅實而健全，則法體屹立而不搖。

　　二、法性，即法的性質。此處有一事須待釐清，即前段言「法體」時，曾云法體乃法之實質與本體，而「性質」則為人或事物本身所具有之本質，法的性質亦即法本身所具有之本質，「實質」與「本質」之間，義有重疊，筆者以為，此可用綱目之別或主要與一般之別加以分隔，至於何為綱，何為目，何為主要，何為一般，則各家或自有定見。

　　關於法性，諸多研究韓非思想的學者都曾作過精闢的論證，此處先羅列其結論，再試為分析：

〔註35〕〈難三〉，頁364。此處「編著」謂法之形式，必須為成文。
〔註36〕李甦平：《韓非》，頁166。
〔註37〕〈定法〉，頁76、77。

　　徐師漢昌在論述「立法的原則與法的特點」〔註38〕時，謂法的特點爲客觀、普遍、公平、重賞嚴刑、易知易行，成文而且公布，固定而且統一，法與時移，絕對。

　　王邦雄在論述「法、術、勢三者之界域與其功能」〔註39〕中，認爲法的性質爲固定恆常性、客觀性與普遍性、平易性、強制性（權威性）、標準性（規範性）（按：強制性乃權威性，標準性乃規範性，此爲作者本人所作之註釋）。

　　王曉波在〈「法」在韓非思想中的意義〉〔註40〕中，認爲法的性質爲強制性、明文性和公開性、平等性、統一性、客觀性與普遍性、可變性與不可變性。

　　謝雲飛在論述「韓非子之政治思想　第四」〔註41〕中，認爲法之特性爲客觀而有準、用眾而舍寡、平等而普遍。

　　唐端正在其「韓非子思想評述」〔註42〕中，認爲法具有恆常性、普遍性及「客觀的意義」（按：此可歸之於「客觀性」）。

　　吳秀英在「政治思想之研議」〔註43〕中，謂法之特性爲普遍性、強制性、時移性、統一性、標準性、周密性、權衡性。

　　李甦平在「法論──韓非的政治哲學」〔註44〕中，由透析法體之成文法、公布法、客觀法，歸納得出韓非論法的特性爲權威性，至正性，時移性。

　　張純、王曉波在其「專制主義之政治哲學」〔註45〕中，認爲法具有一致性、客觀性、多利性、公平性以及重罰重刑之特質。

　　（其他學者尚有論述，大率皆在上述之範圍內，茲不另舉。）

〔註38〕徐漢昌：《韓非的法學與文學》（台北：文史哲出版社，1984 年 10 月修訂三版），頁 100～108。

〔註39〕王邦雄：《韓非子的哲學》（台北：東大圖書公司，1979 年 9 月再版），頁 147～204。

〔註40〕見項維新、劉福增主編：《中國哲學思想論集・先秦篇》（台北：牧童出版社，1976 年 10 月初版），頁 355～376。

〔註41〕謝雲飛：《韓非子析論》（台北：東大圖書公司，1980 年 4 月初版），頁 75～100。

〔註42〕唐端正：《先秦諸子論叢》（台北：東大圖書公司，1981 年 5 月初版），頁 193～243。

〔註43〕吳秀英：《韓非子研議》（台北：文史哲出版社，1979 年 3 月初版），頁 79～122。

〔註44〕李甦平：《韓非》，頁 151～221。

〔註45〕張純、王曉波：《韓非思想的歷史研究》（台北：聯經出版公司，1984 年第一次印行），頁 99～145。

　　諸先生所舉名稱相同或相近者，大抵內涵相同或相近（間有名稱相同而釋義有別），亦有名稱不同而內涵實為相同或相近者，名稱有分一為二者，有合二為一者。筆者不揣淺陋，先將可以析離者分開，次將內涵相同相近者歸一，最後再為之析論。經一一比對並審視內文解釋及所舉原典例證，歸納說明如下：

（一）可歸入前述法體之「客觀法」者為「客觀性」。（王邦雄之標準性〈規範性〉之大部分，謝雲飛之「客觀有準」，唐端正「恆常性」之大部分，吳秀英之「標準性」，李甦平之「至正性」的大部分，均宜可納入此類。）

（二）可歸入法體之「成文法」者為「成文性」。（王曉波之「明文性」屬此類。）

（三）可納入法體之「公布法」者為「公布性」。（王曉波之「公開性」屬此類。）

（四）在法體的實質之外，需另加敘述者，各學者均有精闢之見解，且亦均為法性之所屬，茲以聯集之方式列述之，庶免遺漏。

1. 普遍性與平等（公平）性，此二種性質，有互補及彼此加強之處，普遍謂普行於天下萬民，平等謂立足點皆在同一水平，亦即法家所提倡的「君臣上下皆從法」，在法律之前人人平等。韓非云：「國法不可失，而所治非一人也。」〔註46〕法是普遍的以天下萬民為實施對象，非專為一、二人者量身訂製。而「是以境內之民，其言談者必軌於法。」〔註47〕則是普行於天下所期望達成之目標。

　　刑過不避大臣，賞善不遺匹夫。〔註48〕

　　是故誠有功，則雖疏賤必賞；誠有過，則雖近愛必誅。〔註49〕

法之公平性實已盈盈於字裏行間。

2. 強制性（含同義異名之「絕對性」、「權威性」、「排他性」）：以強力的手段加以驅策或約束，使受約束者必然依約束之方向作為或不作為，是為強制性。韓非之法性即具有絕對之強制性。韓非云：

〔註46〕〈顯學〉，頁 16。
〔註47〕〈五蠹〉，頁 51。
〔註48〕〈有度〉，頁 261。
〔註49〕〈主道〉，頁 694。

明主之國，令者，言最貴者也；法者，事最適者也。言無二貴，法
不兩適，故言行而不軌於法令者，必禁。〔註50〕

明其法禁，必其賞罰。〔註51〕

「最貴」與「最適」，謂再無比此更貴更適者，「必禁」與「必其賞罰」均謂
必然如此，絕無討價還價餘地，則法之強制性（絕對性）可知。所以要如此，
乃是要建立法令的絕對權威，使「賞罰必於民心」。〔註52〕而在最後，對一些
冥頑不靈分子，若還是強制不了，則逕行予以排除，不論其是否賢智：「賞之，
譽之，不勸；罰之，毀之，不畏；四者加焉不變，則除之。」〔註53〕

3. 固定性（統一性、一致性、恆常性、不可變性）：用法原則是「法莫如
一而固，使民知之。」〔註54〕若是朝令而夕改，良民將無所措於手足，
姦民反而可以乘其弊，社會產生亂象，人民的凝聚力消失，則國家危
殆：「法禁變異，號令數下者，可亡也。」〔註55〕縱使國家體質尚健全，
亦必將失去王霸天下的契機。韓非批評用法於韓國的法家前輩申不害
云：

申不害，韓昭侯之佐也，韓者，晉之別國也。晉之故法未息，而韓
之新法又生，先君之令未收，而後君之令又下。申不害不擅其法，
不一其憲令，則姦多。故利在故法前令，則道之，利在新法後令，
則道之。新故相反，前後相悖，則申不害雖十使昭侯用術，而姦臣
猶有所諝其辭矣。故托萬乘之勁韓，十七年而不至於霸王者，雖用
術於上，法不勤飾於官之患也。〔註56〕

爲免姦臣或鑽法令漏洞者利用法令的矛盾，行私僥倖故法須固定統一，前後
一致。

4. 時移性（可變性）：時移即因時代的變化而相應變化。法之立，是爲治
國，欲求治理的措施能產生功效，則法制必須隨時代的發展而變化。
時代的發展並非短期間能見其差異，但日積月累，所呈現的不同面貌

〔註50〕　〈問辯〉，頁84。
〔註51〕　〈五蠹〉，頁54。
〔註52〕　〈定法〉，頁76。
〔註53〕　〈外儲說右上〉，頁558。
〔註54〕　〈五蠹〉，頁40。
〔註55〕　〈亡徵〉，頁117。
〔註56〕　〈定法〉，頁78。

便極可觀。就長程而言，固然是「上古競於道德，中世逐於智謀，當今爭於氣力。」〔註57〕但即就遠比上古、中世等更爲短暫的時間而論，也會「世異則事異」〔註58〕（按一世爲 30 年），因此「法」不能拘泥於原來的成法，而必須變更因應。「聖人不期循古，不法常可，論世之事，因爲之備。」〔註59〕韓非洞徹歷史不斷進化之事實，瞭然每一世代時勢之不同，面對不同之世俗崇尙，法令應隨時代而更張。韓非云：

> 治民無常，唯法爲治。法與時轉則治，治與世宜則有功。故民樸而禁之以名則治，世智而維之以刑則從。時移而法不易者亂，世變而禁不變者削。故聖人之治民也，法與時移，而禁與世變。〔註60〕

說明了今非昔比，民情已由質樸轉爲尙智巧，法必須因時代之變易而變易，因客觀環境之轉移而轉移。

時移性與固定性，義似矛盾，但實不衝突。固定謂不可朝令夕改，不可在短時間內社會情態尙無若何改變時便遽而改變，時移則謂就較長之期程而論，法不能一成不易。君王世襲，一世雖不必硬性想定爲三十年，但新君蒞政，改變法令以施展其治民之抱負，則所在多有。「一世」之間，所累積之世俗變化，想必已頗有可觀，當必以新法面對之。此爲另一角度對「法與時移，禁與世變」之解讀。

用以描述法性之其他名詞尙多，茲略述其義：

周密性：謂法條須嚴密周詳，審慮而設，免除爭訟。〔註61〕即韓非所云之「法省而民萌訟，……明主之法必詳事」〔註62〕的釋義。

權衡性（多利性）：利與害是相對而非絕對，韓非云：「法立而有難，權其難而事成，則立；事成而有害，權其害而功多，則爲之。」〔註63〕立法之時，權衡其利害，兩利相權取其重，兩害相權取其輕。

制裁性：法之設置並非徒具其表，犯法禁者必應予以制裁，亦即韓非所云之「誠有過，則雖近愛必誅。」〔註64〕的釋義。

〔註57〕〈五蠹〉，頁 33。
〔註58〕同前註。
〔註59〕〈五蠹〉，頁 26。
〔註60〕〈心度〉，頁 814、815
〔註61〕吳秀英：《韓非子研議》，頁 83。
〔註62〕〈八說〉，頁 146。
〔註63〕〈八說〉，頁 139。
〔註64〕〈主道〉，頁 694。

此外，韓非之言法，尚具有「重賞嚴刑」之性質，目的在於加重勸功的效果以及加強禁姦的力量。韓非之「若夫厚賞者，非獨賞功，又勸一國。」〔註65〕以及「十仞之城，樓季弗能踰者，峭也。千仞之山，跛牂易牧者，夷也，故明主峭其法而嚴其刑也。」〔註66〕分別說明了所以要重賞嚴刑的理由。重賞嚴刑之外，韓非言法，尚有易知易行之特性，因為一般人並非皆為賢智：「賢者然後能行之，不可以為法，夫民不盡賢。」〔註67〕法一定要使人民易知易行，考量立法時要「明主操愚者之所易，不責智者之所難」，〔註68〕秉此原則立法行令，才能「其法易為，故令行」。〔註69〕

三、法用，用乃功用，法用指法之性能。戰國之時，主尊、兵強、國富為每一國君企求之事，韓非即力言厲行法治，以法治政，可以成霸王之業：

> 聖人之治也，審於法禁，法禁明著則官治；必於賞罰，賞罰不阿則民用。民用官治則國富，國富則兵強，而霸王之業成矣。〔註70〕

力言之不足，並歷歷舉證，同時反言不厲行法治則國弱君卑：

> 當魏之方明立辟、從憲令之時，有功者必賞，有罪者必誅，強匡天下，威行四鄰；及法慢、妄予，而國日削矣。當趙之方明國律、從大軍之時，人眾兵強，辟地齊燕；及國律慢、用者弱，而國日削矣。當燕之方明奉法、審官斷之時，東縣齊國，南盡中山之地；及奉法已亡，官斷不用，左右交爭，論從其下，則兵弱而地削，國制於鄰敵矣。故曰明法者強，慢法者弱。〔註71〕

鼓勵國君奉法，即使目下力不如人，但力行法治，終會有三十年河西，三十年河東，否極泰來之一日：

> 國無常強，無常弱。奉法者強，則國強；奉法者弱，則國弱。〔註72〕

韓非以為只要能堅持決心，以法治政，將「法」作為唯一的準則，則奉法致

〔註65〕〈六反〉，頁96。
〔註66〕〈五蠹〉，頁39、40。樓季，魏之勇士，一說為魏文侯之弟，善於騰跳。跛牂指跛足之母羊。
〔註67〕〈八說〉，頁136。
〔註68〕〈八說〉，頁146。
〔註69〕〈用人〉，頁792。
〔註70〕〈六反〉，頁92。
〔註71〕〈飾邪〉，頁208。
〔註72〕〈有度〉，頁249。

強是乃必然之事，而棄法術以心智治國，則即使賢如唐堯，也戞乎其難：

> 釋法術而任心治，堯不能正一國。去規矩而妄意度，奚仲不能成一
> 輪。廢尺寸而差長短，王爾不能半中。使中主守法術，拙匠執規矩
> 尺寸，則萬不失矣。君人者能去賢巧之所不能守，中拙之所萬不失，
> 則人力盡而功名立。〔註73〕

在以法治政之外，「法」的另一重要功用，就是以法施教，化民成俗。韓非認爲以法施教的功效，遠勝過儒者的仁愛〔註74〕及孝悌之教。〔註75〕韓非云：

> 今有不才之子，父母怒之弗爲改，鄉人譙之弗爲動，師長教之弗爲
> 變。夫以父母之愛，鄉人之行，師長之智，三美加焉，而終不動其
> 脛毛。州部之吏，操官兵，推公法，而求索姦人，然後恐懼，變其
> 節，易其行矣。故父母之愛，不足以教子，必待州部之嚴刑者，民
> 固驕於愛，聽於威矣。〔註76〕

刑酷且重，法嚴而必，對刑罰的恐懼而止其惡行，遠比父母、鄉人、師長的以愛勸善要來得有效，來得立竿見影。是以利用人性好利惡害，對所惡之恐懼心來施教，也是化民成俗之一法。〔註77〕「法期無法，刑期無刑」，──如果絕大多數的人在對刑罰的警惕與恐懼下，不蹈法網，這一理想也不應流於空想。

嚴父慈母，對子女而言，此種嚴與慈俱出自愛心，而家中掌家法教笞者，多爲嚴父，韓非用此以喻法之用嚴遠勝於推愛。韓非云：

> 母之愛子也倍父，父令之行於子者十母。吏之於民無愛，令之行爲
> 民也萬父。母積愛而令窮，吏用威嚴而民聽從，嚴愛之筴，亦可決
> 矣。……故母厚愛處，子多敗，推愛也；父薄愛教笞，子多善，用
> 嚴也。〔註78〕

〔註73〕〈用人〉，頁791、792。奚仲，相傳爲車之發明者，曾任夏禹時管理車輛之官；王爾，古之巧匠。
〔註74〕〈論語・顏淵〉，頁245：「樊遲問仁，子曰：愛人。」
〔註75〕〈孟子・盡心上〉，頁694：「亦教之孝悌而已矣」。
〔註76〕〈五蠹〉，頁39。州部謂地方州長之部屬小官。
〔註77〕蔡英文在其「韓非政治思想中的『刑』與『法』的觀念」中，曾有「唯有嚴酷的刑罰，才能『防漸杜微』，使人尚未犯罪之前，能衡量得失輕重，而且使人民在心理上能產生畏懼之感，能禁止他們做出罪惡之事」的引申釋義。蔡英文：《韓非的法治思想及其歷史意義》（台北：文史哲出版社，1986年2月初版），頁199。
〔註78〕〈六反〉，頁94。

以愛施教，愛得愈多，收效愈小；以嚴施教，嚴之愈亟而收效益宏，其間是否有道理在？是否古今同然？今日之倡導「愛的教育」者，值得對此反思。

化民成俗的原始理念，如果是出自悲天憫人的話，儒家的親親而仁民，仁民而愛物，應是以人性中的道德之善為驅策力量，人人有生之即存的善端，則感之以仁心，導之以孝慈，在良好環境的長期醞釀中，沒有不成功的道理；法家的法期無法，刑期無刑，則是以人的自然之性中的好利自為作為著手之主軸，好利必惡害，以設計之「公利」（國家之利）導引之，以對「害」的恐懼戒除之，雙管齊下，必能見效。而人性中的好利自為，較諸仁、義、禮、智諸善端，更為明顯而易見，則施之以法的「動作──反應」期程，當遠比道德驅策的「動作──反應」期程為短，這也是法家之法治，其見效遠比儒家之德治更為快速的道理。

總結韓非之法治思想，從法體、法性和法用上所表現的特色來看，客觀無私與成文公布，構成了韓非法治思想的經絡，法的其他諸種性質，乃成為鋪陳經絡間的無數血管，講求效果與亟為國用（學者或稱之為功利主義），[註79] 以及把「法」的地位提昇到至高無上，則可作為韓非法治思想的整體說明。從法治思想在歷史上的演變和發展來看，韓非遠承管仲，後接商鞅，兼之儒家大師荀子在人性中「自然之性」上對他的啟示，融匯前賢睿智思想之精華，遂能集法家思想之大成，對中國二千餘年之政治，造成相當程度之影響。

第二節　術

壹、術之概念

「術」之釋義為「方法」或「策略」。從政治的角度來看，在專制時代，術乃是在上位者管理控制下屬及眾民的方法與策略。做任何事情都需要方法，──即使放手讓事情自然發展亦屬方法的一種──術之存在於人群社會中也已久矣。

「法家之所謂術，乃君主御下使民之政治手段。」[註80] 韓非為法家之集大成人物，其論術更有精闢之見解。《韓非子》中，對「何謂術」之明確說

〔註79〕李甦平：《韓非》，頁174。
〔註80〕吳秀英：《韓非子研議》，頁92。

－43－

明處有三：

> 術者、因任而授官，循名而責實，操殺生之柄，課群臣之能者也：
> 此人主之所執也。……君無術則弊於上，臣無法則亂於下。此不可
> 一無，皆帝工之具也。〔註81〕

何謂操殺生之柄，韓非有進一步之闡釋：

> 明主之所道制其臣者，二柄而已矣。二柄者、刑德也。何謂刑德？
> 曰殺戮之謂刑，慶賞之謂德。〔註82〕

關於人主之所執，韓非之說明爲：

> 術者、藏之於胸中，以偶眾端，而潛御群臣者也。……用術，則親
> 愛近習，莫之得聞也，不得滿室。〔註83〕

術常與法連用，蕭公權在辨明法術之異時，歸納術之三項特質，一是術專爲臣設，二是術爲君主所獨用，三是術乃心中暗運之機智。〔註84〕諸家對此，甚少疑義，但筆者以爲至少仍有以下二點必須釐清：

一爲術雖主要爲臣而設，但並非「專」爲臣設，而亦延申及於庶民。《韓非子》之〈八經〉篇及內、外儲說六篇，純爲術論（其他各篇之中亦有不少言術之處），〈八經〉乃說明人主治國之八術，〈八經〉篇之首節「因情」即云：

> 賞賢罰暴，舉善之至者也：賞暴罰賢，舉惡之至者也，是謂賞同罰
> 異。賞莫如厚，使民利之：譽莫如美，使民榮之：誅莫如重，使民
> 畏之；毀莫如惡，使民恥之，然後一行其法，禁誅於私家，不害。
> 〔註85〕

其利之、榮之、畏之、恥之的對象都是「民」，故術之延申及於庶民，其義亦已甚明。

二爲君主雖是術的主要施用者，但似乎亦非君主所「獨用」。韓非雖「孤憤」於智術之士之不見用（韓非亦自許爲智術與明法之士），但亦深盼智術之士能爲明君進用：

> 知（同智）術之士，必遠見而明察，不明察，不能燭私。……知術

〔註81〕〈定法〉，頁 76、77。

〔註82〕〈二柄〉，頁 179。

〔註83〕〈難三〉，頁 364。此處謂不得滿室，乃以術爲大物，連親愛寵信之人都莫之得聞，「更不用說滿屋子的人」都能聽到了。

〔註84〕蕭公權：《中國政治思想史》，頁 245。

〔註85〕〈八經〉，頁 151。

之士明察，聽用、且燭重人之陰情。〔註86〕

遠見而明察的智術之士，輔佐君主去「燭」重人的陰情，須得使用方法，必須有術，除此之外，忠臣有術：

> 夫有術者之為人臣也，效度數之言，上明主法，下困姦臣，以尊主安國者也。〔註87〕

姦臣有術：

> 凡人臣之所道成姦者，有八術。〔註88〕

士有術：

> 夫不謀治強之功，而豔乎辯說文麗之聲，是卻有術之士，而任壞屋、折弓也。〔註89〕

以上所舉，應屬君主所「獨用」之例外。

貳、術治思想在歷史上的演變與發展

「術」之存在於人群社會固已久遠，但術作為君主御下使民的政治手段，卻遠比前者為遲。商、周兩代，嚴密的宗法制度由逐步建立而至完全成熟，貴族按照血統的親疏遠近組織起來，共同維護以大宗為代表的本族利益。因宗法制度而起的，是分封而產生的各級地方政權；天子的兄弟、眾子，各自領有封邑，其本身是所封的領域內掌握大權的貴族，同時亦是擁戴王室的天子的臣下。這些貴族又把自己的兄弟、眾子分封出去。層層分封之下，同一血統的人散布各地，以親屬血緣關係共同維護政權。一些並非出自同一血統的異姓諸侯，則以子女嫁娶的婚姻關係維繫連接，天子與同姓及異姓的諸侯之間，均存有維繫團結的血緣紐帶。當時，周天子稱同姓諸侯為「伯父」、「叔父」，稱異姓諸侯為「伯舅」、「叔舅」，絕非客套，而是實際的親屬關係。封建制度下的君臣關係實際上是宗族制度的擴大，君主統治臣下猶如家長管教子女，凡有命令，子女必須絕對服從，大家都為同一宗族的利益而統一行動。臣下如有不法，君主加以制裁，亦猶如族長按照族規懲治族人。同宗的人也會為了一族的利益而監督他人，因而此時並無提出防姦之「術」的需要。〔註90〕

〔註86〕〈孤憤〉，頁281、282。

〔註87〕〈姦劫弒臣〉，頁216。

〔註88〕〈八姦〉，頁186。

〔註89〕〈外儲說左上〉，頁492。

〔註90〕周勳初〈韓非〉，見傅傑選編：《韓非子二十講》（北京：華夏出版社，2008

　　由於天子的不斷分封──子嗣不止一人，嫡長子以外的眾子乃向外分封
──在土地不能自行增加的情況下，中央的領域愈來愈小，相對於之前（或
前代）所封之諸侯，尾大不掉的強枝弱幹現象終於出現，諸侯坐大，天子無
力控制，「族長」的權威變成徒具形式。周室東遷之後，王室的力量更日益式
微，諸侯逐漸取得了空前的主權，而一代一代的分封下去（天子與諸侯皆然），
諸侯與諸侯間的血緣關係亦愈來愈淡，彼此的兼併攻伐，在天子無力過問的
情形下，愈演愈烈。強併弱，大併小，諸侯為求強國，「用人惟才」，在王官
失守，知識大量流入民間的情況下，平民參政，布衣卿相的局面漸趨普遍。
以親屬關係作為統治結構的宗法制度受到破壞，又因能封的土地資源有限，
且要避免受封的封建領主以其封地坐大的趨勢，漸漸不再分封。政治上以郡
縣取代封建，廣納布衣參政，由春秋至戰國，由五霸至七雄，可以明顯的看
出封建制度崩壞、權力集中於國君的專制集權制度取而代之的軌跡。

　　封建崩潰，維繫封建的禮治失去了著力點，禮崩樂壞，雖有克己復禮的
聖賢教召，終究是難挽狂瀾；另一方面，在國君的朝廷之上，君臣僚屬已鮮
有血緣親屬的關係存在，法治不得不應運而起，君主御下使民的「術」，乃自
然而然的登上了政治舞台。

　　術本源於道，道與術為體用關係，〔註91〕法家之中，申不害以術治著稱，
但他是以形名而言「術」，〔註92〕申不害生當戰國法家得勢之秋，當時所流行
的「權術」、「法術」已脫開「道術」而應合諸侯除患自存之需要；蓋當春秋
時弒君專國之事（由《左傳》所誌）已是不絕如縷，至戰國則在世卿制度廢
棄後，弒君專國演而為滅君竊國奪位更屬常見，思考其原因，君主御臣之無
術當為其首。滿朝文武，均非宗室，慕勢利而來之「人才」，是否心懷叵測又
不可知，為免於國危位替，國君必需有控馭忠姦之術，論君道者遂將此種需
要發而為術治之學說，此中最著者為申不害。「自形上學派以觀申子之術，則
在天為『道術』，在人為『法術』，在政為『權術』，在法為『勢術』。是天人
關係為『形名』之溝通，為政治之用『法』，又為相用之貫穿。」〔註93〕申不
害之著作（漢書藝文志云著書六篇）今已不傳，有關其學說之零散記載，尚

　　　　年3月一版一刷），頁21、22。
〔註91〕吳秀英：《韓非子研議》，頁90。
〔註92〕李甦平：《韓非》，頁193。
〔註93〕黃公偉：《法家哲學體系指歸》（台北：台灣商務印書館，1983年初版），頁
　　　　190。

能在荀子的〈解蔽〉篇及《韓非子》中的外儲說左右諸篇中略有見及，但已無法得窺其全貌。

　　韓非之術治說，乃是承申不害之學說加以增補，並推衍而光大之。〔註94〕在承接申不害之處，韓非本於其人性好利自為之認定，認為君位者，人臣之大利，而君臣之利相異，故假定君臣之間鮮少仁愛信義之存在，而充斥內心之勾心鬥角，「上下一日百戰」〔註95〕之描述，可謂傳神。韓非忠告人主，務不可將一切信賴託付予臣下，蓋若如此，亂之所由起也。

　　　　知臣主之異利者王，以為同者劫，與共事者殺。〔註96〕

故發而為察姦之術。但韓非之術治說，另有其積極之一面，而為申不害之未言或少言者，即術之「督責」作用，此亦為「術」在政治思想中極重要之部分。

參、韓非的用術思想

　　戰國之世，至韓非為止，因法治而國強之事已屢見，如楚之用吳起，韓之用申不害，秦之用商鞅皆為例証，〔註97〕而儒家「道之以德，齊之以禮」的德治，已與實際政治的需要相去日遠，因而符合政治需要的法家之學大行其道。戰國之世，「世變」之結果，中國歷史由封建轉入專制，君權高張已是無可改變的事實。法治可以強國，但法治是以國和君的利益為第一優先（相當程度上，「朕即國家」，國與君幾不可分），而法治中必有的法家所主張的嚴刑峻法，卻未必為臣民所喜。君臣利異，臣與民之利亦未必同，臣下之破壞法治，行私於民而求利，事亦常見，國君為確保法治之實行，用術乃成為必要。茲以術之性能、術之運用、術之兩面來說明韓非的用術思想。

〔註94〕韓非結合申不害的循名責實與商鞅的信賞必罰，成為兼具二者意義的刑名之術。而從「因物以知物」、「因人以知人」到參伍之術，則都是對申不害「未盡於術」的補足。參見林緯毅：《法儒兼容：韓非子的歷史考察》（台北市：文津出版社，2004 年 11 月一刷），頁 115、117、125。

〔註95〕〈揚摧〉，頁 709。

〔註96〕〈八經〉，頁 155。

〔註97〕戰國之變法者，前有李悝，另在吳起、申不害、商鞅之外，齊有「使齊國震懼，人人不敢飾非，務盡其誠」（《史記・田敬仲完世家》）的齊威王；趙國則「勢與俗化，而禮與變俱」（戰國策・趙策）及「明國律，從大軍」（〈飾邪〉）；燕國亦「明奉法，審官斷」（〈飾邪〉）。以上參考張純、王曉波《韓非思想的歷史研究》，頁 22。可知法家之學為當時的顯學。

一、術之性能

（一）術在積極面的性能，為以術擇人與以術考成。

1. 以術擇人：即前引之「因任而授官」（〈定法〉），也就是任用官吏之原則。君主治國，不能獨治，必須委任官吏，分以治民，將執法與斷事之部分權力授予臣下，任人之得當與否，關乎存亡治亂。國君求賢，所謂人才者來自四方，賢與不肖以及有真才實學與沽名釣譽者參雜其中必須予以明辨。韓非云：

   > 任人以事，存亡治亂之機也。無術以任人，無所任而不敗。人君之所任，非辯智，則修潔也。任人者，使有勢也。智士者、未必信也：為其多智，因惑其信也。以智士之計，處乘勢之資，而為其私急，則君必欺焉。為智者之不可信也，故任修士。任人者，使斷事也。修士者、未必智也：為潔其身，因惑其智也。以愚人曰之惛，處治事之官，而為其所然，則事必亂矣。故無術以任人，任智則君欺，任修則事亂：此無術之患也。〔註98〕

   任人之前先予以透徹之考察，考察其人之忠姦，其言之真假，隨之以參伍，以謀多而責失（詳後），而求知人善任，因材器使：「治國之臣，效功於國以履位，見能於官以受職，盡力於權衡以任事。」〔註99〕以免所任非人，誤事敗治。

2. 以術考成：即前引「循名而責實，操殺生之柄，課群臣之能者也。」（〈定法〉）之主旨，亦即在授予官職之後，按照名位（此一官職所應行應成之事）責求實效，掌握生殺大權，考校群臣能力的原則。名位既定，則此一名位所要求者，在韓非之意，要臣下親口說出（或立下契證），再以實行之結果驗証，亦即「言行者，以功用為之的彀者也。」〔註100〕一切要以有功用，有實效為主。以術考成之結果，賢與有真才實學者進，不肖與沽名釣譽者退；「……以其事責其功：功當其事，事當其言，則賞；功不當其事，事不當其言，則誅。」〔註101〕以及「聽其言而求其當，任其身而責其功，則無術、不肖者窮矣。」〔註102〕按依韓非所言，在「循名而責實，操殺生之柄，課群臣之能者也。」之

〔註98〕〈八說〉，頁 134。
〔註99〕〈用人〉，頁 791。
〔註100〕〈問辯〉，頁 85。
〔註101〕〈主道〉，頁 694。
〔註102〕〈六反〉，頁 102。

下，有「此人主之所執也」（〈定法〉）之句，又有「凡術也者，主之所以執也。」〔註103〕之再述，而諸家學者，乃反覆引用，以爲術乃君主所獨操。但以當時情況，戰國七雄之任一國，均是幅員千里，廣土眾民，政事之繁，非君主一人所能獨治，必須使臣下分工合作，分層負責：「君主智不盡物，使臣分層負責，國事繁多，人之智有涯，力有窮，君主日理萬機，若躬親庶務，勢所難能，而其功效亦不大，必須任法無爲，使臣下分層負責，效用始宏。」〔註104〕依此理演繹，則大臣之任事繁重者，其下必有下層官吏以分其權責，此下層官員，其任用或權不在己，其考成則責無旁貸，是則以術考成，其不能由國君一人專有，理亦至明。（前在術非君主所獨用之引文中，亦已申明此點。）韓非亦云：「夫爲人主而身察百官，則日不足，力不給。……固舍己能，而因法數。」〔註105〕以及「力不敵眾，智不盡物，與其用一人，不如用一國。」〔註106〕今日以台灣之幅員、政務，或均不能與當時之「國」相比，而必須出之以逐級授權，分層負責，分層考核，可爲例證。

　　術之積極面爲以術擇人與以術考成，而用人以後考成之「督責」作用，尤爲韓非發申不害所未申之意。徐師漢昌云法家用術的整個過程和意義，在於「依『法』來『因任而授官』，依『法』來『循名而責實』，手操『操殺生之柄，課群臣之能』，再依『法』給予應得的賞罰。」〔註107〕可爲至言。

　　（二）術在消極面的性能，爲察姦去壅與保權位防篡奪。

1. 察姦去壅：察姦謂偵知臣下中之虛僞險詐及心懷叵測者，必先察知姦宄，然後始能防止或去除；去壅謂消除壅蔽君王、使君王不明下情的種種姦佞作爲。韓非首先忠告君王，固守權術，勿陷入誠信之胡同中無法自拔，方能防止臣下的姦詐行爲：「故明主之道……固術而不慕信……而群官無姦詐矣。」〔註108〕起用知術明法之士，以揭發及矯正

〔註103〕〈說疑〉，頁232。
〔註104〕張素貞：《韓非子思想體系》（台北：黎明文化事業公司，1979年2月再版），頁109。
〔註105〕〈有度〉，頁259。
〔註106〕〈八經〉，頁152。
〔註107〕徐漢昌：《先秦學術問學集》（高雄市：復文圖書出版社，2006年4月初版），頁243。
〔註108〕〈五蠹〉，頁48。

權臣的隱情與姦邪行爲：「知術之士明察，聽用、且燭重人之陰情。能法之士勁直，聽用、且矯重人之姦行。」〔註109〕觀察臣下之言行，聽取臣下之意見，須加參驗，勿循專門之管道：「觀聽不參，則誠不聞；聽有門戶，則臣壅塞。」〔註110〕以及「是以明主不懷愛而聽，……故聽言不參，則權分乎姦。」〔註111〕君王必須審度公私是否分明，判別利害之所在，勿使姦邪有可乘之機：「故明主審公私之分，別利害之地，姦乃無所乘。」〔註112〕用倒言反事的方法察出姦人的隱情：「倒言、反事，以嘗所疑，則姦情得。」〔註113〕以及「倒言以嘗所疑，論反以得陰姦。」〔註114〕的交相所指之處即在此。韓非忠告君王，自己的權勢不可轉借予臣下，否則就會壅塞視聽的管道而受蒙蔽：「權勢不可以借人；上失其一，下以爲百。故臣得借則力多，力多則內外爲用，內外爲用則人主壅。」〔註115〕君王的言行言語行爲要小心謹慎，務求周密。兼用個人的觀察與眾人的智慧來考察眾寡，使姦邪不會被失察：「明主、其務在周密。……故明主之言，隔塞而不通，周密而不見，故以一得十者，下道也；以十得一者，上道也。明主兼行上下，故姦無所失。」〔註116〕

2. 保權位防篡奪：保權位防篡奪與察姦去壅爲一體之兩面，韓非以人性之好利自爲，認爲君位乃利之最大者，其絕無機會覬覦此一位置者，固不必論，凡有機會親近此一位置者，多有莫不思得之企圖，而人君爲防姦人之篡奪，其術用乃無所不用其極。韓非謂八姦〔註117〕乃「人

〔註109〕〈孤憤〉，頁282。
〔註110〕〈內儲說上〉，頁380。
〔註111〕〈八經〉，頁150。
〔註112〕〈八經〉，頁155。
〔註113〕〈內儲說上〉，頁387。倒言謂說反話，反事謂做相反之事，嘗乃試探。
〔註114〕〈八經〉，頁162。
〔註115〕〈內儲說下〉，頁427。內外爲用謂外諸侯、內百官，皆爲權臣所用。
〔註116〕〈八經〉，頁168。隔塞而不通謂防備勿使泄漏。下道乃以一人之智察，欲得十人之姦情；上道乃是以十人之相窺，以得一人之姦情。
〔註117〕八姦乃人臣成姦之術，分別爲同床、在旁、父兄、養殃、民萌、流行、威強、四方。「同床」乃朝臣勾結后妃、公子以成私；「在旁」乃朝臣勾結君王左右近習之輩以成私；「父兄」乃朝臣勾結公子重臣以成私；「養殃」乃臣下壓榨人民，滿足國君享受以成私；「民萌」乃臣下討好百姓，收攬民心，取得名義以欺君；「流行」乃臣下買通辯士，異口同聲，同一論調以欺君；「威強」乃

臣之所道成姦，世主所以壅劫，失其所有也，不可不察焉。」〔註118〕
察知八姦而嚴加防範，徵兆一顯即予以去除，爲保權位防篡奪之首要。
韓非要人主留心五患，〔註119〕謂「此五患者，人主不知，則有劫殺之
事。」〔註120〕是則防堵及消除五患，必也爲人君保權位防篡奪之大事。
韓非忠告人君，必持三守〔註121〕：「人主有三守：三守完，則國安身
榮，三守不完，則國危身殆。……三守不完，則劫殺之徵也。」〔註122〕
保權位防篡奪本爲君王一人之私事，似與「管理眾人之事」的政治思
想相違，但在君王幾乎等同於國家之專制時代，亦不得不列入政治思
想之「術治」中予以考量。

　　消極面的術，可以助國君察知臣下的種種姦謀，可以使國君鞏固自己的
權位。「三守」的首要爲深藏不露，說來易懂，但卻行之惟艱。徐師漢昌云：
「術對國君本身的要求是：藏、收斂和深不可測。拙要藏，巧也要藏。怒氣
要收斂，喜色也要收斂。去智巧、去好惡，是爲了深不可測。唯有深不可測，
姦邪才無緣倖進。這對一般人民尚且不易做到，何況是大權在握，力能生殺
予奪的萬乘之君！」〔註123〕此所以言者諄諄，而二千年專制歷史上君王遭劫
殺之未曾中止也如故的原因所在。

二、術之運用：

（一）術在積極方面，用於治國御臣與行法治政：

1. 治國御民所用者，主要爲無爲術與用人術。

　　無爲術又稱執要術，是對道家無爲思想的一種運用。韓非對無爲之術，

　　　臣下勾結劍客、死士，脅迫百姓，彰明己威而行私；「四方」乃臣下虛耗國庫
　　　民力，借外力以壓主的作法。以上採用徐漢昌：《韓非的法學與文學》（台北：
　　　文史哲出版社，1984 年 10 月修訂三版），頁 129 之簡明釋義。

〔註118〕〈八姦〉，頁 190。
〔註119〕五患分別爲 1.游禍：父兄賢士出亡在外，敵國對之加以利用；2.狎賊：受過
　　　刑辱之人，受到寵信，難免不擬思報復；3.增亂：作姦之臣，應罰而未即罰，
　　　彼恐見罪而益思作亂；4.養禍：同時倚重兩位大臣，使其權勢相若而無所偏
　　　重，則將因臣下之權勢強大而致君主之劫殺之災；5.彈威：君王輕率簡慢不
　　　自重，權威被侵奪。
〔註120〕〈八經〉，頁 156。
〔註121〕三守即君王必須固守的三條原則，乃用術的指導綱領。三守爲 1.深藏不露；
　　　2.獨掌刑賞大權；3.親理朝政。
〔註122〕〈三守〉，頁 801，頁 696 觸到頁 686。
〔註123〕徐漢昌：《韓非的法學與文學》，頁 157。

應有精研，〔註124〕韓非無為術的主旨是：

> 事在四方，要在中央。聖人執要，四方來效；虛而待之，彼自以之。……
>
> 夫物者有所宜，材者有所施，各處其宜，故上乃無為。〔註125〕

君王運用無為術，主要在自己總攬要綱，虛靜以待，督責群臣，因能而任使，任法而為治，守法而責成，不事事躬親而收事事躬親所不能收到之效果：「有智而不以慮，使萬物知其處；有行而不以賢，觀臣下之所因；有勇而不以怒，使群臣盡其武。是故去智而有明，去賢而有功，去勇而有強。」〔註126〕國君虛靜，乃能用因人治人、因物治物的方式治國。「無為術的最終目標就是：臣下任事、負責，無所不為，而國君虛靜，無事。」〔註127〕韓非的無為術，並非事事不作，而是「無為而無不為」，君王無為以治國御臣，臣下有為（無不為）而奉法任事。〔註128〕

用人術乃君王操任免官吏之柄，責成臣屬立功盡職之術。人盡其才乃用人術之首要。韓非云：

> 明君之道，使智者盡其慮，而君因以斷事，故君不窮於智；賢者效其材，君因而任之，故君不窮於能；有功則君有其賢，有過則臣任其罪，故君不窮於名。是故不賢而為賢者師，不智而為智者正。〔註129〕

此處之賢智，與韓非所反對之任賢和任智的賢智不同，〔註130〕韓非認為「官職所以任賢也」。〔註131〕任官之要，在體制分明，嚴分等級，予以適當之待遇，量材器使，使臣下之才能與官職相稱，「試之官職，課其功伐。」〔註132〕「程

〔註124〕 熊十力云：「韓非以為人主之能術者，其要在虛靜無為而無見也。韓非於虛靜無為，似曾用過工夫，非虛言其理而已。」見熊十力：《韓非子評論》，頁 37。

〔註125〕 〈揚搉〉，頁 696。

〔註126〕 〈主道〉，頁 686。

〔註127〕 徐漢昌：《韓非的法學與文學》，頁 156。

〔註128〕 馮友蘭在《中國哲學史新編》，頁 439。曾謂：「無為而無不為，是老子說的。不過，老子說這句的時候，注重在『無為』，韓非解釋這句的時候，注重『無不為』。」

〔註129〕 〈主道〉，頁 686。

〔註130〕 韓非對國君，主張「專制」而「尊君」，君不盡智也不盡賢，故不能要求國君智且賢。對人臣而言，韓非所反對的是私術之智和私行之賢，此與「智術之士」的智及「公正而無私」的法術之士的賢不同。見張純、王曉波：《韓非思想的歷史研究》，頁 135、136。

〔註131〕 〈難二〉，頁 338。原為「且官職所以任賢也，……」因節略而省去「且」字。

〔註132〕 〈顯學〉，頁 13。

能而授事，察端而觀失。」〔註133〕「官賢者量其能，賦祿者稱其功。」〔註134〕選任官吏時，不避讎仇，不問親疏，只問是非，但憑賢愚：「內舉不避親，外舉不避仇。」〔註135〕專任責成，臣下不得兼官兼職，依功罪晉黜，考績進退，皆以功罪為定準：「一人不兼官，一官不兼事。」〔註136〕「推功而爵祿，稱能而官事。」〔註137〕逐級升遷，循序漸進，由基層向上晉升：「官襲節而進，以至大任。」〔註138〕「宰相必起於州部，猛將必發於卒伍。」〔註139〕賞功罰罪，嚴明公正，以勸功止姦：「賞有功，罰有罪，而不失其人。」〔註140〕養用合一，平日即以尊崇厚養急難時必須倚重之人才，不要出現「國平則養儒俠，難至則用介士，所養者非所用，所用者非所養。」〔註141〕的情況。

　　2. 行法治政所用者，主要為形名術與參伍術。

　　「形名」亦作「刑名」，又作「名實」，形名術者，考求名與實相符合之術也。君王行法治政，考察群臣之績效時，主要為考核其推行之結果與所賦予之責任是否名實相符。以言為名，則事為形，事必求其與言相合；以法為名，則行為形，行為必求其合於法；以賞為名，則功為形，賞必稱於功；以罰為名，則罪為形，罰必當其罪；以官位為名，則職務為形，職務必求與官位相合。〔註142〕

　　「循名責實」與「綜覈名實」之形名術，乃法家行法治政之主要方法，君王手執形名之術，考校之後，群臣之功過乃無所遁形。韓非云：「有言者自為名，有事者自為形。」〔註143〕「君操其名，臣效其形，形名參同，上下和調。」〔註144〕此已勾勒形名之旨義與效用。形名雖云名以形稱，形依名定，但上下共守之標準則為「法」：「人主雖使人，必以度量準之，以形名參之。

〔註133〕〈八說〉，頁 134。
〔註134〕〈八姦〉，頁 193。
〔註135〕〈說疑〉，頁 240。
〔註136〕〈難一〉，頁 320。
〔註137〕〈人主〉，頁 789。
〔註138〕〈八經〉，頁 156。
〔註139〕〈顯學〉，頁 13。
〔註140〕〈說疑〉，頁 231。
〔註141〕〈顯學〉，頁 10。另據陳奇猷：《韓非子集釋》頁 1091，將原文之「國平則用儒俠」改為「國平則養儒俠」以求得養與用之對稱合宜。
〔註142〕此處之釋義，採用張素貞：《韓非子思想體系》，頁 113、114 之敘述。
〔註143〕〈主道〉，頁 686。
〔註144〕〈揚摧〉，頁 702。

事遇於法則行，不遇於法則止；功當其言則賞，不當則誅。以形名收臣，以度量準下，此不可釋也。」〔註145〕名不符實，不論是言大功小或言小功大，皆有罰而無賞。謙遜之道，在法家而言，實與虛偽無異。韓非云：「有道之主，聽言督其用，課其功，功課，而賞罰生焉。故無用之辯不留朝，任事者知不足以治職，則放官收璽。」〔註146〕名不符實，則免去官職，收回印信，群臣之任事者，誰敢不兢兢業業，悉心力以赴！而姦邪亦無所逍遙於外：「據法直言，名形相當，循繩墨，誅姦人，所以為上治也。」〔註147〕既能督策群臣勉力任事，又可消弭姦邪於法內，則形名之術行，治政之效必矣。

參驗即參伍徵驗，也即是用多種方法交互錯綜比對，以求得真相。形名術與參伍術，在行法治政上，為體與用之關係。因欲以「形」證合「名」，一人之見解或單一之管道，難期其正確無誤，必須多方諮詢意見，多方考察真偽，此種多方諮詢、多方考察，即為參伍之術。韓非云：「明主不舉不參之事，……遠聽而近視，以審內外之失。省同異之言，以知朋黨之分。偶參伍之驗，以責陳言之實。」〔註148〕陳言之是否屬實，屬於形名，而形名之能否行之無誤，在於偶參伍之驗；而遠聽近視、省同異之言，則其施行時必須多方以求也。韓非云：「參伍之道，行參以謀多，揆伍以責失。行參必折，揆伍必怒。」〔註149〕交互參照比較加以驗證，乃可以在錯綜複雜的情況下，明斷功績之有無，督責過失與姦邪。參伍術的原則是：「言會眾端，必揆之以地，謀之以天，驗之以物，參之以人。」〔註150〕施行之方法則是：

> 參言以知其誠，易視以改其澤，執見以得非常，一用以務近習，重言以懼遠使，舉往以悉其前，即邇以知其內，疏置以知其外，握明以問所闇，詭使以絕黷，倒言以嘗所疑，論反以得陰姦，設諫以綱獨為，舉錯以觀姦動，明說以誘避過，卑適以觀直諂，宣聞以通未見，作鬥以散朋黨，深一以警眾心，泄異以易其慮，似類則合其參，陳過則明其固，知罪辟罪以正威，陰使時循以省衷，漸更以離通比，

〔註145〕〈難二〉，頁338。
〔註146〕〈八經〉，頁170。
〔註147〕〈詭使〉，頁109。
〔註148〕〈備內〉，頁196。
〔註149〕〈八經〉，頁162。此處之必折，乃謂必就所詢得之意見而反問之，「怒」則兼有譴責與嚴屬二義，必怒則謂必須嚴屬也。
〔註150〕〈八經〉，頁162。

下約以侵其上。〔註151〕

有原則有方法，可謂具體而詳實，而其中亦多涉陰謀與權詐，雖云主旨在行法治政，但畢竟也是政治上的黑暗面；或許政治上的術用，陰謀權詐本來就難以避免。

（二）術在消極方面，用於伺察防姦與固位防篡。

此處言術在消極方面之施用，與前此言術在消極面之性能，義似重疊，但細審之應能分辨，蓋一在使用之方法與作為，一為此方法與作為之歸趨也。

1. 伺察防姦：韓非以為「虛靜」之「道」，乃是伺察防姦的指導綱領：

道在不可見，用在不可知，虛靜無事，以闇見疵。見而不見，聞而
不聞，知而不知。知其言以往，勿變勿更，以參合閱焉。〔註152〕

君王不顯露其用意，表面虛靜無事，而一切都已觀察<u>透徹</u>，以待最後之「以參合閱」。君王所以能觀察透徹，則使用「七術」中之「眾端參觀」，凡觀聽必參，而聽無門戶，另用七術中的「疑詔詭使」、「挾知而問」、「倒言反是」。「疑詔詭使」之聲東擊西〔註153〕則被問者不敢不吐實；「挾知而問」，隱藏自己之所知再詢問臣下，則不知之事自明，深入了解一件關鍵事，許多隱微的事就自然清楚明白；「倒言反是」說相反的話，做相反的事來試探懷疑的人，就能察出姦人的隱情。以上之「眾端參觀」屬於堂堂正正的以術治事，而「疑詔詭使」、「挾知而問」、「倒言反是」則不免涉於權詐，觀乎今日檢調之偵檢手法，多有類是，則韓非直可被擬為「先知」！以上數種伺察之術，交相運用，君王乃得以清楚了解下情：

知下明則禁於微，禁於微則姦無積，姦無積則無背心。知下明則公
私分，公私分則朋黨散，朋黨散則無外障距、內比周之患。〔註154〕

能清楚了解下情（「知下明」），預為防範或先一步採取措施，乃能杜漸防萌，消彌姦邪的禍患於未然。

2. 固位防篡：春秋戰國之世，弒君篡位、滅國滅家事件層出不窮，〔註155〕

〔註151〕同前註。

〔註152〕〈主道〉，頁690。

〔註153〕「疑詔詭使」中之「使人問他」，乃派人做一事，雖知其所為而佯作不知，而更問以他事，此則聲東擊西，以求真相之術。

〔註154〕〈難三〉，頁354。

〔註155〕據《史記・太史公自序》，頁1370所誌，春秋自魯隱公元年至魯哀公十四年的242年間，「弒君三十六，亡國五十二，諸侯奔走不得保其社稷者不可勝數。」進入戰國之後，亡國弒君的事件繼續發生，其大焉者，韓、魏、趙三家分晉

保權位防篡奪，宜乎是每一個身爲國君者，口中不言而心中必定關切之事。韓非舉人主有「臣閉其主」、「臣制財利」、「臣擅行令」、「臣行行義」、「臣得樹人」五壅：

> 臣閉其主，則主失位；臣制財利，則主失德；臣擅行令，則主失制；
>
> 臣行行義，則主失明；臣得樹人，則主失黨。〔註156〕

主失位即君王遭篡奪；而「失德」、「失制」、「失明」和「失黨」的結果，君王之遭篡奪失位，亦屬必然。去五壅之道，首在察知八姦，嚴密加以防範或以霹靂手段將之去除。韓非忠告君王，切不可鬆弛防備而信人：「人主之患、在於信人，信人則受制於人。」〔註157〕並舉君王因大信其子與大信其妻而遭劫殺或殺太子的歷史事實〔註158〕以諫人主，連妻之親與子之近，「大信」之下猶有如此後果，更遑論非親非故，時時覬覦王位的臣下！防備「八姦」，所針對的人物雖有多方，但其中最須防範的則是擁有實力、位居要職的貴臣和重臣，一是他們的威脅性最大，另則歷史上的篡奪紀錄也絕多出自貴臣和重臣。對這類威脅者，不論是否露出具有危險性的端倪，韓非均建議君王「以三節持之」，所謂三節，就是質、鎮與固：

> 親戚妻子、質也；爵祿厚而必，鎮也；參伍責怒，固也。賢者止於
>
> 質，貪饕化於鎮，姦邪窮於固。〔註159〕

持之以三節，利用人性趨利避害的弱點，對大部分有權勢的貴臣、重臣，當已有震懾防止的效果。必須予以清除時，有正當理由，「名實當則徑之」〔註160〕即直接誅殺；沒有正當證據或理由，讓他活著礙事，殺他又有損自己的聲名，則在飲食中下手毒殺，或將其交給他的仇人，借刀殺人：「生害事，死傷名，則行飲食；不然，而與其讎；此謂除陰姦也。」〔註161〕惟圖目的，不擇手段，此爲韓非用術思想中最陰狠毒辣的一面，亦爲衛道之士所交相指責者。

　　總結韓非之術治思想，其積極之發用，爲治國御臣行法治政，以術擇人與

　　　　是亡國的例子，李兌圍殺主父（趙武靈王）於沙丘宮，是弑君的例子。

〔註156〕〈主道〉，頁690。按：陳氏首句原文爲「臣閉其主，則主失明」，而王先慎：《韓非子集解》及陳奇猷：《韓非子集釋》均爲「臣閉其主，則主失位」，茲爲順應本節文義，從《集解》及《集釋》。

〔註157〕〈備內〉，頁195。

〔註158〕同前註，即「李兌傅趙王而餓主父」與「優施傅麗姬，殺申生而立奚齊。」

〔註159〕〈八經〉，頁156。

〔註160〕同前註。

〔註161〕同前註。

以術考成；消極面之發用，則爲察姦去壅與君王之固位防篡。君王之領導統御，得能如臂使指，行政之舉用人才，績效之公允考成，均屬積極性之正面功效。而明察姦邪，防止臣下對君王的劫奪，亦爲在上位者念茲在茲所必欲掌握達成者。同一種治術——如形名術與參驗術——可用於正面之治國行法、舉用考成，亦能用於察驗姦邪、杜漸防微。君王之用術，可以正面的達到政治上的弊絕風清，臣下兢兢業業竭盡才力，亦能出於私意，在「法」之外剷除異己者與威脅者，手段則流於陰森險忍，是則術誠具有正反兩用之雙面性。

第三節　勢

壹、勢之概念

《說文解字》無「勢」字，有「埶」字，鄭注：「埶，埶位也。」古以埶字作勢字使用，表示地位和因地位而有之權力，亦即西方所稱之「主權」。〔註162〕引申解釋，勢有以下四種含義：一曰居高位而產生之統制力：「桀爲天子，能制天下，非賢也，勢重也。堯爲匹夫，不能正三家，非不肖也，位卑也。……不肖之制賢也以勢。」〔註163〕二曰剛性之威力：「勢之爲道也無不禁。」〔註164〕三曰權柄：「君執柄以處勢，故令行禁止。柄者，殺生之制也；勢者，勝眾之資也。」〔註165〕四曰因緣際會之時機：「善持勢者，蚤絕其姦萌。」〔註166〕「凡姦者、行久而成積，積成而力多，力多而能殺，故明主蚤絕之。」〔註167〕徐師漢昌另就政治上之勢的構成先後與主客觀關係闡發其義：「政治上的勢，其構成必是先有地位，因有地位乃有權力。有位有權，始能形成一令人服從的主觀力量，有此力量，始能造成一令人服從的客觀形勢。因此，韓非認爲勢是『勝眾之資』。」〔註168〕據此以視可以拱托此義的形勢、時勢、地勢、氣勢諸名詞，

〔註162〕吳秀英：《韓非子研議》，頁 88。

〔註163〕〈功名〉，頁 805、806。

〔註164〕〈難勢〉，頁 70。

〔註165〕〈八經〉，頁 150。

〔註166〕〈外儲說右上〉，頁 554。

〔註167〕〈外儲說右上〉，頁 562。按：此處勢之四種引申解釋，謝雲飛：《韓非子析論》（自費出版之版本，1973 年）發之於先，吳秀英：《韓非子研議》1979 年 3 月初版之版本引之於後，而所用引文略有出入。筆者兼採之而略爲增刪。

〔註168〕徐漢昌：《韓非的法學與文學》，頁 66。

吾人或能對「勢」在政治上的義涵有較明確的認識。

貳、勢治思想在歷史上的演變與發展

　　後世法家視管仲爲鼻祖，有關法、術、勢之立論，莫不將管仲之立言置於前列，《管子・法法》篇云：「凡人君之所以爲君者，勢也。」〔註169〕言君王之所以爲人所尊，非因其人，而係因其人所處之權位，此已頗合於今日下屬之所以聽命於主官上司者，非因其人而係因其職位。《管子・明法解》進一步強調：

> 明主在上位，有必治之勢，則群臣不敢爲非。是故群臣之不敢欺主者，非愛主也，以畏主之威勢也；……尊君卑臣，非親也，以勢勝也。〔註170〕

此處之勢指威勢、威力，乃因居上位而擁有。「人主之所以制臣下者，威勢也。故威勢在下，則主制於臣；威勢在上，則臣制於主。」〔註171〕制人及制於人，隨威勢而轉移。管仲之勢治思想，著重於權勢與威勢。任勢之目的，在於強固領導權，發揮統治權，君必善守其勢，方能鞏固一國之領導中心，令群臣奉公守法，布政明確而有成，施政平正而無姦。〔註172〕繼管仲之後，商鞅在「勢」的義涵上，加入了新的價值觀：

> 凡知道者，勢數也。故先王不恃其彊，而恃其勢；……今夫飛蓬，遇飄風而行千里，乘風之勢也，……故托其勢者，雖遠必至；……得勢之至，不參官而潔。〔註173〕

道指法度，數指法術，已見法、術、勢有統一之趨勢。同篇續云：「故曰：『其勢難匿者，雖跖不爲非焉。』故先王貴勢。」前以蓬草之行千里，乃憑藉風的勢力，而此以治理國家使至惡之人也因形勢之難以隱瞞而不敢爲非作歹，都是因爲權勢、威勢之無所不在。

　　法家人物中，熟論用勢之說者，當推慎到。慎到曾遊學齊之稷下，學黃老道德之術，其因於自然的用勢之說——由自然之物勢推展至政治之勢位——由道入法的遞嬗之跡甚深。慎子曰：

〔註169〕王冬珍等校注：《新編管子》，頁401。
〔註170〕同前註，頁1349。
〔註171〕同前註，頁1359。
〔註172〕徐漢昌：《管子思想研究》，頁129、130。
〔註173〕《商君書・禁使第二十四》，頁86。不參官而潔，謂官不必多事而治。

飛龍乘雲，騰蛇遊霧。雲罷、霧霽、而龍蛇與螾螘同矣，則失其所
乘也。故賢人而詘於不肖者，則權輕而位卑也；不肖而能服賢者，
則權重位尊也。堯爲匹夫，不能治三人；而桀爲天子，能亂天下。
吾以此知勢位之足恃，而賢智之不足慕也。夫弩弱而矢高者，激於
風也。身不肖而令行者，得助於眾也。〔註174〕

　　重勢之理論，管仲啟其端，慎到則推演於後，其「賢不足以服不肖，而
勢位足以屈賢。」之立說，直啟韓非。慎到所言之勢，只限於勢位，勢之本
身無所謂善惡，而賢與不肖者以勢爲用，則會產生迥然不同之結果。〔註175〕
「助」之通義爲「幫助」或「助益」；徐師漢昌以爲，慎子之所謂得助，即得
勢，在國君而言，這個「助」就是「勢」。〔註176〕堯與桀、飛龍與騰蛇，生於
自然世界者，必須聽任物理之勢的推移，而身在政治社會中，則自得接受政
治權力的安排。〔註177〕慎到以爲，真要使政治能和君王結合，就必須使君王
瞭解遵循自然之理的重要，如此則君王乃自然有勢。〔註178〕慎到側重於從「勢」
與「道」（自然）的關係來理解勢，將「道」解釋爲天之道、自然之道，再由
自然之道進入人之道，其進程是由道到勢，因而慎到所言的勢，乃是自然之
勢，又可稱爲「天勢」。〔註179〕

　　荀子雖是儒家的顯赫人物，但其天道自然觀，係由道家的天道觀而改進，
有不容忽視的道家色彩，荀子思想中的重禮而不輕法，更形成由儒到法之間
的一道橋樑。〔註180〕道家的「道」和法家的「勢」，荀子嘗爲之論證連結。其
〈王霸〉篇云：

人主者，天下之利勢也。得道以持之，則大安也，大榮也，積美之
源也；不得道以持之，則大危也，大累也，有之不如無之。〔註181〕

〔註174〕〈難勢〉，頁63。
〔註175〕徐漢昌：《慎子校注及其學說研究》（台北市：嘉新水泥公司文化基金會，1976
　　　　年12月），頁59、61。
〔註176〕徐漢昌：《韓非的法學與文學》，頁71。
〔註177〕王邦雄：《韓非子的哲學》，頁84。
〔註178〕鄔昆如、黎建球：《中西兩百位哲學家》（台北：東大圖書公司，1978年4月
　　　　初版），頁68、69。
〔註179〕李甦平：《韓非》，頁178。
〔註180〕韋政通：《中國思想史》（台北：水牛圖書出版公司，2003年9月13版二刷），
　　　　頁300。
〔註181〕《荀子·王霸》，頁138。

此處之「道」，應釋作「正確的政治原則」。〔註182〕以道持勢，方是治理國家的正確途徑；人主持勢不以道，則勢乃危身害國，有不如無。荀子〈彊國〉篇並舉湯、武與桀、紂之持勢，以明此理。

> 處勝人之勢，行勝人之道，天下莫忿，湯、武是也。處勝人之勢，不以勝人之道，厚於天下之勢，索爲匹夫不可得也，桀、紂是也。
> 〔註183〕

由以上引文之敘述，可以知荀子乃是道、勢兼重，道、勢並用論者。荀子的「道」乃是抽象性的、道德性的政治原則，而愼到之「道」則是天之道、自然之道。

管仲、商鞅、愼到和荀子的勢治理論，在韓非處交匯融合，韓非並提出眾家前所未言的「人設之勢」，以別於之前所言的「自然之勢」。在論述韓非的勢治思想時，有必要對二者之義涵與範域加以釐清。

參、勢之類分——自然之勢與人設之勢

前節言管仲之勢治思想，勢之主旨在權勢與威勢，而權勢與威勢係緣於本身居高位而擁有；愼到之「天勢」，由自然之道進入人之道，所進入之「人」乃是君王。故管仲所指之居高位者與愼到所云「天勢」之擁有人，均爲專制時代之國君，所擁有之勢即爲自然之勢。君王世襲，父以傳子，子以傳孫，故純就勢位的傳承形式而言，「因繼承而得來的權位就是自然之勢。」〔註184〕邱黃海在其博士論文中，就「自然」二字有進一步的引申，謂自然「不但是指『經由血緣而來的位勢之繼承』，同時也是指『擁有不同材智的人在這個位勢上所造成的那種無法改變的治亂趨勢』。」，而自然之勢的概念，乃就是指「不同材智的人，生而在上位，在國家治理上所引發的一種向著治或向著亂的勢道。」〔註185〕此即是堯、舜在上位，雖有十桀、紂亦無法造事生非，桀、紂在上位，雖有十堯、舜亦無力回天的「勢治者則不可亂，而勢亂者則不可

〔註182〕李甦平：《韓非》，頁177。
〔註183〕《荀子・彊國》，頁216。
〔註184〕王讚源：《中國法家哲學》（台北：東大圖書公司，1989年2月初版），頁148。陳啓天在〈韓非及其政治學〉亦指出：「所謂自然之勢，指勢位的承襲言。」見《增訂韓非子校釋》，頁949。
〔註185〕邱黃海：《從「任勢爲治」說的形成論韓非思想的蛻變》（國立中央大學哲學研究所博士論文，2007年7月2日），頁135。

治也。」〔註 186〕之現代詮釋。

　　法家尊君重勢，反對任賢，但「勢乃為一客觀存在的地位與力量，勢的本身，並無主觀的善惡意見，和取得勢的人的能力。」〔註 187〕而自然之勢的先天缺陷，即在無法擺脫賢智因素之左右成敗。韓非之前的言勢者，管仲未言及此，而慎到見不及此，韓非以其機敏和明察，乃透過其自設的和儒者的辯難，賦予勢新的意義與力量，此即「人設之勢」。

　　在〈難勢〉篇的儒法之辯中，經歷過「飛龍乘雲，騰蛇遊霧，雲罷、霧霽、而龍蛇與蚯蚓同」的乘勢與棄勢之區別，以及「龍蛇之材美，蚯蚓之材薄」的賢才之有無的辯難之後，韓非以為之前所爭辯者，乃是自然之勢：

> 夫勢者，名一而變無數者也。勢必於自然，則無為言於勢矣。吾所
> 為言勢者，言人之所設也。……且夫堯、舜、桀、紂，千世而一出，
> 是比肩隨踵而生也。世之治者，不絕於中，吾所以為言勢者，中也。
> 中者，上不及堯、舜，而下亦不為桀、紂，抱法處勢則治，背法去
> 勢則亂。〔註 188〕

其中，「吾所為言勢者，言人之所設也。」即人設之勢。王邦雄以為人設之勢實為「法勢」：「人設之勢乃指威勢的運用，必與國法相結，在法有定制常軌之下，對絕大多數的中主而言，勢不可亂而可治，此即『抱法處勢則治』的法勢。」〔註 189〕法勢乃是勢與法相結合，其所以云「人設」也者，乃是它不強調「勢」的自然而然性，而是強調「勢」的主觀人為性，故人設之勢又可稱為人勢。〔註 190〕

　　從由道而勢的觀點，可以由另一角度審視引文「夫勢者，名一而變無數。」之所指，以及何為人設之勢：「萬物各異理，而道盡稽萬物之理，故不得不化。不得不化，故無常操。」〔註 191〕張純、王曉波以為，此乃言人雖被「勢」所決定，但因「勢」可以變，「道」可以「化」，如果人只是機械式的為「勢」所決

〔註 186〕〈難勢〉，頁 69。
〔註 187〕徐漢昌：《韓非的法學與文學》，頁 74。
〔註 188〕〈難勢〉，頁 69、70。其中「是比肩隨踵而生也」句，陳氏以為義似多而實少；王先慎：《韓非子集解》謂：「『是』上當有反字」，陳奇猷：《韓非子集釋》謂：「『是』下當有非字」，三者所言雖不同，但歸趨則一，即「是比肩隨踵而生也」句或有損益，但所言乃極為稀少之義。
〔註 189〕王邦雄：《韓非子的哲學》，頁 173。
〔註 190〕李甦平：《韓非》，頁 182。
〔註 191〕〈解老〉，頁 748。

定，不知「變」、不知「化」，那只是「必於自然」，唯有知其「變」、知其「化」，掌握客觀的規律以達成主觀的目的，才是「守自然之道」。韓非由此感知，人雖受「勢」所左右，但人卻可以把握客觀規律（即把握「道」）而反作用於「勢」，能運用此 ・道理而造成新的「勢」，即爲「人設之勢」。〔註192〕而「人設之勢」就是由人主設「法」所加強的「勢」。〔註193〕

儒法兩家重大的區別之一，儒家推恩，法家嚴法，推恩則「法」之施用，每因人、因情而異，不能有一定之準則，欲其施用得宜，必須待賢；嚴法則將「法」之權威性推至極致，使天下人受同一之準則所規範，中才之人即可依此施用而無失。韓非云：

> 棄隱栝之法，去度量之數，使奚仲爲車，不能成一輪。無慶賞之勸，
> 刑罰之威，釋勢委法，堯、舜戶說而人辯之，不能治三家。夫勢之
> 足用亦明矣。而曰「必待賢」，則亦不然矣。〔註194〕

韓非將「刑罰之威」作爲人設之勢的基本內容，〔註195〕主張「不養推愛之心，而增威嚴之勢。」〔註196〕認爲「刑罰之威」可以通過人力的「威嚴之勢」增強，而與「不養推愛之心，而增威嚴之勢」的法家主張相合。沒有融勢於法的刑罰之威，即使讓堯、舜治天下，亦必舉步維艱。「刑罰之威」既屬「法」的範圍，又是「勢」的主要部分，韓非已在此將「法」與「勢」緊密的結合爲一體。

在「人設之勢」中，法與勢的結合方式是：「法」成爲「勢」要遂行其統治的一種工具，而「法」亦爲「勢」的一種延伸，成爲「勢」的一部分。〔註197〕「人設之勢」的「抱法處勢則治」，乃是「統治權勢」與「統治工具」的統一。〔註198〕簡單的說，「法」與「勢」在此已融爲一體。在人設之勢中，「法」與「勢」之間的關係，是法對勢的規範和制約，「抱法處勢」乃此種關係的精確描述，「抱」是掌握、把持、守住之意，而「處」乃處在、處於之意；「抱法處勢」是說君王

〔註192〕張純、王曉波：《韓非思想的歷史研究》，頁119。
〔註193〕同前註。
〔註194〕〈難勢〉，頁70。
〔註195〕谷方：《韓非與中國文化》（貴陽市：貴州人民出版社，1996年1月初版），頁174。蔡英文在詮釋「人設之勢」時，亦以「人設之勢」即是「慶賞之勸，刑罰之威」的法。參見蔡英文：《韓非的法治思想及其歷史意義》，頁193。
〔註196〕〈六反〉，頁94。
〔註197〕邱黃海：《從「任勢爲治」說的形成論韓非思想的蛻變》，頁138。
〔註198〕同前註。

只有掌握住、把持住、守住「法」，才能處在、處於「勢」位，行使統治權實施法治。〔註199〕

　　「人設之勢」之「設」，是以大多數在位的中等才幹的國君為對象，使他們在能力所及的範圍內，求得長治久安。人設之勢的「抱法處勢」，亦即透過法律制度，借賞罰來行使政治權力以治國。對中等才幹的國君而言，要「抱法」並不困難：法有明文，已是「憲令著於官府，賞罰必於民心（當然也必於群臣之心）」，法是臣民共守的言行標準，何者可行，何者不可行，均由法規定，君王只須考核臣下是否守法，再依法給予賞罰即可。而「處勢」之道，乃是君王勿私意妄為，不要有任何的輕舉妄動，以免授臣下以口實把柄，造成野心分子以下犯上之機會。〔註200〕徐師漢昌以為，在「人設之勢」的抱法處勢中，「處勢」之道，在於用術，〔註201〕是則「人設之勢」在融合「法」與「勢」之外，並兼有「術」為之輔佐。〔註202〕

肆、韓非的重勢思想

　　韓非融合了管仲、商鞅、慎到和荀子的勢治思想，並加以改易和充實，形成了新而有力的勢治學說。〔註203〕其吸納眾家者，固可視為對諸前賢之繼承，其改易和充實之處，則貫注了他本身的智慧和卓見。在君主專制時代，立法、審法和用法之權，集於君主一身，韓非之勢治思想，其重點在強化法治基礎，杜絕犯上作亂，作為改革內政，強化國力的起點。徐師漢昌以為，韓非重勢思想的著力處，在於「如何幫助國君保住勢位，如何幫助忠臣得到勢位，又如何杜絕姦臣竊取勢位，而達到『以尊主御忠臣，則長樂生而功名成』（《韓非子・功名》）的地步。」〔註204〕從實質面指出了韓非勢治思想的內涵。

〔註199〕李甦平：《韓非》，頁210。
〔註200〕徐漢昌：《韓非子釋要》（台北：黎明文化事業公司，1994年10月再版），頁111。
〔註201〕同前註。另高柏園亦認為韓非（人設之勢）的勢治說必然得引進術的觀念。見高柏園：《韓非哲學研究》（台北市：文津出版社，2001年4月初版二刷），頁120。
〔註202〕王元化亦以人設之勢必融合術在內：「人設之勢要比自然之勢複雜得多也重要得多，……君主只有把術揣摸到家才能創造並實行人設之勢，這個人設之勢是依靠術來形成的。」王元化〈韓非論稿〉見傅傑選編：《韓非子二十講》，頁173。
〔註203〕林緯毅認為韓非之勢論，乃是取慎到的自然之勢作為部分理論基礎，增益以法、術而為人設之勢。見林緯毅：《法儒兼容：韓非的歷史考察》，頁127。
〔註204〕徐漢昌：《先秦學術問學集》，頁233。

　　主道、集權和操柄，構成了韓非勢治思想的理論依據、本質內容和表現形式，〔註205〕而此三個概念緊密相聯。茲以勢與道、勢與權、勢與柄的關係依次論述：

一、因勢與主道：道法自然，「因天之道」〔註206〕乃是順應天道自然的客觀規律，韓非之「因勢」即是將客觀自然之「形勢」轉而用來說明國君能用以號令臣民的「權勢」。〔註207〕因勢之著力點，則寄於因人、因物與因位之上。韓非之言因人：「下眾而上寡，寡不勝眾，故因人以知人。」〔註208〕以及「身不肖而令行者，得助於眾也。」〔註209〕君王孤身一人，而臣民則成千累萬，用勢前之知人，必須依靠可信賴的「人」為之助；君王的能力才具未必強過臣下，君令之得以推行貫徹，也必須仰賴眾人的協助。韓非之言因物：「夫物眾而智寡，寡不勝眾，故因物以治物。」〔註210〕以及「千鈞得船則浮，錙銖失船則沉，非千鈞輕而錙銖重也，有勢之與無勢也。」〔註211〕世間事物繁多而人的才智有限，有限之才智不足以了解繁多的事物，故須依靠事物來治理事物。千鈞重物因有船而浮，錙銖輕物因無船而沉，其區別只在有無可憑藉之物（此處指船）。韓非之言因位：「夫有材而無勢，聖賢不能制不肖，故立尺材於高山之上，而下臨千仞之谿，材非長也，位高也。」〔註212〕以及「故短之臨高也以位，不肖之制賢也以勢。」〔註213〕有才能而無勢位，縱使是賢能的人也無法制伏無能的人；把短短一尺的木材樹立在高山之上，就能因處於高位而居高臨下，俯瞰千仞的深溪；短的木材能俯視深千仞的溪谷，是因為它的位置高，無能的人可以制伏賢能的人，在於他有勢位。順應著自然的道理，或因人、或因物、或因位，乃能藉客觀的形勢（轉化為權勢）達成主觀的願望。

〔註205〕李甦平：《韓非》，頁178。
〔註206〕〈揚搉〉，頁699。韓非因襲道家「法自然」之思想，但又化其自然為必然，而導其道德以成法術。見謝雲飛：《韓非子析論》，頁52。
〔註207〕張純、王曉波：《韓非思想的歷史研究》，頁117。
〔註208〕〈難三〉，頁358。
〔註209〕〈難勢〉，頁63。
〔註210〕〈難三〉，頁358。
〔註211〕〈功名〉，頁805。
〔註212〕同前註。
〔註213〕同前註。

由於「勢」是一種客觀的存在與規律，就韓非的觀點而言，合乎這樣的勢，也就是合乎道。韓非論「道」，雖引申於黃老之道，但則是「緊扣〝人主〞之道，更多地落在對君主何以要〝抱法處勢〞的論證上。」〔註214〕因勢即是守道，也就是守自然之道。以「道」的觀點言勢，乃是：

> 非天時，雖十堯不能冬生一穗；逆人心，雖賁、育不能盡人力。故
> 得天時則不務而自生；得人心，則不趣而自勸；因技能，則不急而
> 自疾；得勢位，則不進而名成。若水之流，若船之浮，守自然之道，
> 行無窮之令，故曰明主。〔註215〕

韓非認為，守「自然之道」的勢，其勢乃是「自然之勢」〔註216〕，「自然之道」雖是自然的產物，但如何發現自然之道，如何守住自然之道，卻也是人為的努力所創造。守「自然之道」是為守「自然之勢」，注入了人為的努力，「自然之勢」的「守道」即可轉為「人設之勢」的「主道」。韓非云：

> 道者、萬物之始，是非之紀也。是以明君守始，以知萬物之源；治
> 紀，以知善敗之端。〔註217〕

「主道」即作君主的原則。「守始」是為「守道」，「治紀」是為「用道」，〔註218〕能知「守始」、「治紀」的君王，即是能知「守道」、「用道」的君王，也即是能掌握「主道」原則的君王。君王掌握住這個原則，其「勢」便可以「勝眾」，這就是韓非「勢之為道也無不禁」〔註219〕的主旨，也即是「吾所為言勢者，言人之所設也。」〔註220〕的人設之勢。〔註221〕

　　二、任勢與集權：任勢指利用事物發展變化的有利態勢。在韓非的勢治
　　　　思想中，勢是「權」，勢亦是「力」，韓非融匯「勢」、「權」、「力」
　　　　為一體，主張「任勢」必先「集權」，且權力也必須集中於君主一身。
　　　　〔註222〕

〔註214〕黃克劍：《由命而道──先秦諸子十講》（北京市：線裝書局，2006 年 7 月一
　　　　版），頁 432。
〔註215〕〈功名〉，頁 805。
〔註216〕李甦平：《韓非》，頁 180。
〔註217〕〈主道〉，頁 686。
〔註218〕徐漢昌：《韓非子釋要》，頁 167。
〔註219〕〈難勢〉，頁 70。
〔註220〕〈難勢〉，頁 69。
〔註221〕李甦平：《韓非》，頁 181。
〔註222〕李甦平：《韓非》，頁 184。

　　權勢二字往往聯用，「勢」的本質內容是「權」，其重要性對君王而言，應是無出其右。韓非云：

> 所謂威者，擅權勢而輕重者也。夫馬之所以能任重、引車、致遠道者，以筋力也。萬乘之主，千乘之君，所以制天下而征諸侯者，以其威勢也。威勢者，人主之筋力也。〔註223〕

有權乃有威，君王掌握權勢，左右國政，自是具有威勢。馬無筋力，不能負重引車致遠，人主無威勢即無法治國圖存，更遑論制天下而征諸侯！以筋力之於馬喻權勢之於君王，可謂明白生動。

　　君王善能任勢，則執要馭繁，可以游刃有餘：「故治不足，而日有餘，上之使勢使然也。」〔註224〕君王治國，必須懂得任勢：「明主之治國也，任其勢。」〔註225〕因為「善任勢者國安，不知因其勢者國危。」〔註226〕凡為君王，無不冀其國安，又無不懼其國危，即使不想當明主，總也不願落入身危國殆的地步。

　　君王之所以為君王，在其有權：「主之所以尊者，權也。……故明君操權而上重。」〔註227〕權勢不可與人分享：「權勢不可借人，上失其一，下以為百。」〔註228〕其甚焉者：「偏借其權勢，則上下易位矣。」〔註229〕韓非忠告人主，權勢必須集於君王一身。能知任勢，又能集權，則任勢與集權合而為一，其結果乃是：

> 明主者、使天下不得不為己視，使天下不得不為己聽。故身在深宮之中，而明照四海之內，而天下弗能蔽、弗能欺者，何也？闇亂之道廢，而聰明之勢興也。〔註230〕

這是何等令君王期待嚮往的結果，其可以不任勢集權乎！西方世界之馬基維利（Nicolo Machiavelli, 1469-1527），晚於韓非近二千年，其對於權勢之看法，與韓非可謂英雄所見略同。馬氏云：「君王除非確信能保有其權勢，不虞喪失，切不可輕言放棄權位。」〔註231〕此非「權勢不可以借人」以及「偏借其權勢，則

〔註223〕〈人主〉，頁787、788。擅權勢而輕重，謂掌握權勢而左右國政。
〔註224〕〈有度〉，頁260。治不足而日有餘，謂治事完備充足而時日尚有餘裕。
〔註225〕〈難三〉，頁360。
〔註226〕〈姦劫弒臣〉，頁216、217。
〔註227〕〈心度〉，頁813。
〔註228〕〈內儲說下〉，頁427。
〔註229〕〈備內〉，頁199。
〔註230〕〈姦劫弒臣〉，頁216。此處之文理參考李甦平：《韓非》，頁186。
〔註231〕轉引自王讚源：《韓非與馬基維利比較研究》（台北：幼獅月刊社，1972年12

上下易位矣」的西洋版注釋而何？馬氏並云：「在人民腐化之國家，徒法不足以為治，君主唯以無上之權勢，迫令人民尊重法律，使其回復正軌。」〔註232〕馬氏之見，施行法律的權勢顯然比法律本身更為重要。「人民腐化之國家」的情況，應是與韓非所處之戰國末期的情況相似，環境孕育思想，古今中外，正自相同。

　　三、處勢與操柄：處勢謂處身於有權勢之地位。君王專制時代，君之地
　　　　位為最有權勢者，操柄謂掌握操持權柄，柄即是權。〔註233〕韓非將
　　　　賞罰視為君主之「二柄」：

　　明主之所道制其臣者，二柄而已矣。二柄者、刑德也。……殺戮之
　　謂刑，慶賞之謂德。〔註234〕

君王馭臣，手執賞罰二權——猶今之胡蘿蔔與棒子——其威勢與尊嚴乃得以顯現。勢與柄（權）之關係是擁有權即可以行使勢，運用勢。賞與罰（二柄）是勢的具體表現形式，處勢必須操柄，〔註235〕亦即為君王者，必須有操持賞罰之實權。

　　要使操持之「二柄」發揮最大之效用，做法上必須信賞必罰，賞厚而信、罰宜而必：「有術之主，信賞以盡能，必罰以禁邪。」〔註236〕以及：「聖人之治也，審於法禁，法禁明著則官治；必於賞罰，賞罰不阿則民用。」〔註237〕賞罰之施，講求公允妥當，過猶不及：「用賞過者失民，用刑過者民不畏。有賞不足以勸，有刑不足以禁，則國雖大必危。」〔註238〕輕重之間的拿捏，必須有精審的衡量。

　　國君處勢而操柄，除了能使統御群下可如臂之使指以外，也能去除推行法治的障礙，使法易行：「勢足以行法」〔註239〕以及「君執柄以處勢，故令行

　　　　月初版），頁100。
〔註232〕同前註，頁103。
〔註233〕「柄」合於此處之釋義有二，一曰物之可執處，如把手：二曰權，如左傳襄
　　　　公二十三年之「又執民柄」。學者亦有釋「柄」為「法制」者，謂基於法制的
　　　　規定，發動權力（依法行使權力），就是「執柄」以處勢。見中華文化復興運
　　　　動推行委員會主編之《中國歷代思想家》第二冊，楊樹藩撰之〈韓非〉（台北：
　　　　台灣商務印書館，1987年8月4版），頁770。
〔註234〕〈二柄〉，頁179。
〔註235〕李甦平：《韓非》，頁181。
〔註236〕〈外儲說左下〉，頁521。
〔註237〕〈六反〉，頁92。
〔註238〕〈飾邪〉，頁207。
〔註239〕〈八經〉，頁174。

禁止。」〔註240〕身居尊位而不知善用權勢，縱使一步也不離國都（行政中心），
也只是以個人之力去禁制一國之人，少有勝算：

> 夫處勢而不能用其有，而徒不去國，是以一人之力禁一國；以一人
> 之力禁一國者，少能勝之。〔註241〕

能知處勢之道，則即使是才力平庸的君王，也能利用權勢來矯正臣下的行為，
較之不知利用權勢的堯舜以苦身而化民，相去誠不可以千里：

> 以身為苦而後化民者，堯舜之所難也；處勢而矯下者，庸主之所易也。
>
> 將治天下，釋庸主之所易，道堯舜之所難，未可與為政也。〔註242〕

為政之道，千言萬語，在於善處勢。前節釋人設之勢時，言人設之勢乃
為中士而設，在人設之勢的引領下，「抱法處勢則治」，手操刑德二柄的君王，
其處身於權勢之地位，治國馭臣，乃是以「人設之勢」是賴。

總結韓非之勢治思想，對前賢有繼承亦有發揚，而發揚尤多於繼承：在
管仲、商鞅、慎到、荀子勢治論述的前導之下，吸納融匯前賢們的威勢、權
勢、由道而勢、以道持勢思想，韓非將前述概念之勢歸之於自然之勢。以自
然之勢用事而欲國治，必須任賢，而任賢任勢之爭，乃儒法爭鋒的最尖銳之
處。韓非將「法」之理念，與自然之勢融合，建立其獨識且卓越的人設之勢
論述，既能吸收前賢論勢的精奧，又能排除待賢而治的缺失（蓋儒家之賢與
自然之勢最相配），且專為絕大多數上不及堯舜、下亦不為桀紂的中主量身訂
製，此一闡發——以人勢（人設之勢）代天勢（自然之勢）——大大的充實
了法家的勢治理論。

信賞必罰之「信」與「必」，主旨在於令出不爽之「信用」與「信守」，
韓非承管仲、商鞅、慎到、荀子的勢治思想，將勢與權結合而為權勢，再與
力結合而為權力，將表現「勢」的賞罰二柄，注入了「信」的特質，〔註243〕
大大的豐富了法家勢治思想的內涵。

韓非吸納融匯前賢的勢治學說，闡發令人耳目一新的勢治理論，成為他
政治思想中重要的一環。《韓非子》書中論勢的文字雖遠低於論術與論法，其
重要性卻絕不容忽視。

〔註240〕〈八經〉，頁 150。
〔註241〕〈難三〉，頁 351。此處，徒、僅也，去國謂離開國都。
〔註242〕〈難一〉，頁 317。
〔註243〕見李甦平：《韓非》，頁 193。

第四節　小　結

　　「法」在「法體」上表現的客觀、無私與成文、公布——學者稱之爲客觀性、成文性、公布性——構成韓非法治思想的主要經絡；「法」在「法性」上的其他諸性質：普遍性、平等性、強制性、固定性、時移性、周密性、權衡性、制裁性，則成爲鋪陳於經絡間的無數血管；「法」在「法用」上的以法治政、以法施教與以法化民成俗，效果立竿見影，法治之「動作——反應」期程，遠比德治以道德驅策之「動作——反應」期程更爲快速。韓非在整體上，凸顯了法治的講求效果與可以亟爲國用的特質，並將法提昇到至高無上的地位。

　　「術」化生於道，具有周密深藏，詭譎多方的特質；用以治臣下，術爲君王所獨擅，而分層負責以考成，則負責考成之大臣，亦可用術考核其下層。術治思想在積極面之發用，爲治國御臣，行法治政，以術擇人與以術考成；在消極面之發用，則爲察姦去壅與君王之固位防篡。申不害爲韓非以前，法家言術之最著稱者，韓非承申不害之用術思想，加以增補推衍，發揚光大，尤以術之「督責」作用，言申不害之未言，「督責」作用亦爲「術」在政治思想中極重要之部分。「術」具有正反兩端之雙面性：君王用術允當，可以達到政治上的弊絕風清，臣下兢兢業業竭盡才力；「術」亦可以在君王的私心之下，無視於「法」之存在，剷除異己者與威脅者，手段流於陰森險忍，此亦爲韓非術治思想爲人所評驚之處。

　　「勢」在韓非以前，有威勢、權勢、由道而勢、以道持勢多種概念，愼到尤爲言勢諸家之最著稱者。韓非將諸前輩論述之勢，歸之於自然之勢。君王以自然之勢治國，必須待賢而國乃治，而待賢與否正爲儒法爭鋒的最尖銳之處。韓非以其過人之獨識，將「法」之理念與「自然之勢」融合，建立卓越的「人設之勢」論述，既吸收前賢論勢之精奧，又將待賢而治排除於法家的勢治思想之外，而「人設之勢」專爲絕大多數上不及堯舜、下亦不爲桀紂的中才之主設計。「人設之勢」在勢治上之闡發，大大的充實了法家的勢治理論。韓非又把表現勢之具體形式的賞罰二柄，注入了「信」的特質，將「勢」與權、力、信結合，使權勢、權力、威信互相結合，使法家的勢治思想內容更爲豐富。

　　綜論韓非在「法」、「術」、「勢」思想上的融合創發之貢獻，則許其爲法家集大成之人物，絕非虛譽。

第四章　以法爲主體的法家思想

　　探析法、術、勢三者究竟以誰爲主軸，爲本論文的研究動機之一。《韓非子》一書，說理透徹，邏輯嚴謹，治韓非子法、術、勢之學者，理應不爲之惑亂，但以《韓非子》全書未將重點集於一篇而分見多處，學者乃各有所取，有謂韓非政治思想之重心爲「法」，有謂韓非之思想以「術」爲先，有謂韓非政治思想之核心爲「勢」，且依各學者之析論理路，亦皆言之成理，而共同特色則爲只言己之爲是，而不云人之爲非。（言己之爲是或即言人之爲非的另一種表現手法。）主軸（或核心）只有一個，三方之立論不可能同時爲眞，筆者則堅信「法」在條貫綜理上的主導地位。本章先以明辨此一主導地位爲起始，依次再言法、術、勢的各種邏輯結合，釐清主從之關係於先，當更有助於瞭解各種邏輯結合所具之意義。

第一節　法的主導性

　　論辯法、術、勢何者爲主導之看法既有三方，則明乎各方之立論依據及內容，宜乎爲辯明眞相應循之途徑。茲引主法、主術、主勢之學者各三人，瞭解其義旨之後，再爲之評議。

壹、以「法」爲主導者之論述

　　王靜芝認爲法在韓非政治思想中占有軸心地位，而術與勢也不可或缺。法之於術，法爲臣之所師，術則爲專爲人主而有，君執術以制臣，臣執法以正刑罰於民。君無術則無以制臣，不能制臣則臣作亂；臣無法則不能制民，

不能制民則民作亂，故君有術而臣有法，二者不可一無，如是則可免於亂，方可以求治。〔註1〕

　　法之於勢，有其相因為用的關係，勢必須倚重，但不能專言，專言勢足以為人患：「勢之於治亂，本未有位也。而語專言勢之足以治天下者，則其智之所至者淺矣。」〔註2〕「勢既不可專言，就要和另一事配合而言，那另一事便是『法』。」〔註3〕由〈難勢〉篇中之引文，可知王教授此處所指之勢乃是自然之勢，自然之勢必須與「法」結合，「勢」之力道方得以增強，方能切割與儒家「待賢而治」的關係。「法」與「勢」結合（或此處所指之「配合」）即為「人設之勢」，而人設之勢中的「抱法處勢」即韓非為中主所設的可以為治的方法。王教授認為法的本身就具備賢的條件，中人抱「法」就可以為賢者之事。綜結法、術、勢三者之間的關係，王教授認為：「法是重心，法是一切的規矩，法是由群臣去執行的。術是君主所執，以制群臣的。有術以制群臣，群臣才能切實去執行『法』。勢是君主所有的權位，有權位才能用術，才能行法。」〔註4〕王靜芝乃是將「法」置於主位，將「術」與「勢」置於「不可或缺」的輔位，則法之為主軸，其意甚明。

　　王邦雄在《韓非子的哲學》一書中，以專章（第五章）論述韓非政治體系之建立與其實際之發用，而列此章為全文（按：此書應係王邦雄之學位論文）之重點。此章第三節專述法之中心思想及其體系之建立，認為韓非之政治哲學乃是以法為中心，並因法之中心思想而展開，其政治哲學之體系是以法為其目的，以國之治強為理想歸趨，以勢與術為輔翼而展開並建構完成。〔註5〕王邦雄援引原典「故先王以道為常，以法為本。」〔註6〕及「治國無常，惟法為治。」〔註7〕以明韓非立說之本意，在法、術、勢之中「惟法為治」，「以法為本」，術與勢雖有其積極之意義與不可或缺之發用，亦只能作

〔註1〕　王靜芝：《韓非思想體系》，頁26、27。
〔註2〕　〈難勢〉，頁66。
〔註3〕　王靜芝：《韓非思想體系》，頁27。
〔註4〕　同前註，頁28。王靜芝續以「抱法處勢」闡釋法術、勢之關係，認為「抱法處勢」是以行法為主，勢為推動之力量，而「法術不可一無」也是以法為主，術為一種推動力量。換言之，三者之中，以行法為主，勢是用術行法的必要「條件」，術是推動行法的「技術」，主從本末之關係乃因之清晰。
〔註5〕　王邦雄：《韓非子的哲學》，頁220。
〔註6〕　〈飾邪〉，頁209。
〔註7〕　〈心度〉，頁814。

為「法」之輔翼。〔註8〕

　　國之治強既為終極目標，而依法以任勢用術，則為達成此終極目標之途徑與手段。立法務求必行，否則法徒具虛文。欲求達成法之嚴明必行，必須以勢之操權與術之執運方克為功，亦即君勢之威權與治術之運用，皆為指向行法嚴明之目的而有，而法之目的性及其理想，必因君勢之嚴與治術之明，始能實現完成。「法為君勢與治術之目的，勢與術皆為法之目的而存在，皆屬於實現法之理想的必要條件。」〔註9〕王邦雄由此歸結「法」在韓非政治哲學體系中居於通貫上下之中心地位。

　　李甦平依據「中國哲學邏輯結構論」〔註10〕之方法，將韓非政治哲學的本質屬性和價值導向，由「法的性能結構系統」（法、術、勢的縱向結構）和「法的功能運作系統」（法、術、勢的橫向結構之解析）加以確認。

　　由「法的性能結構系統」之分析，「法」屬於實性範疇，處在屬於虛性範疇的「術」與「勢」之上，具有規範「術」和「勢」的功能。法與術之間，是法對術的規範和操作關係，術只是君主法治統治的方法和手段，術本身不具有明確的目標和方向，必須以法為依托，法乃術之目的和規定，術按法的規定運作，就可達到其目的（法所指向之目的），無法而用術，則術只是一種無目的、無方向、無價值、失去根基的虛物。〔註11〕

　　法與勢之間，是法對於勢的規範和制約關係。李甦平舉韓非人設之勢的「抱法處勢」闡釋此種關係：君主只有掌握住、把握住、守住「法」，才能處在、處於「勢」位，利用統治權實施法治。有「法」才能處「勢」，無「法」便要失「勢」，表明了「法」對「勢」的規範作用；「抱」與「處」的不同義蘊，則可體現「法」對「勢」的制約作用，「抱」是把握住、掌握住，守住，其實質意義就是「控制」，而「處」則是處於、處在的意思，具有被動「受控」

〔註8〕 吳秀英在其《韓非子研議》一書中，認為法為勢與術之目的所在，且對勢與術有規範與制衡之效能，故歸結「法」在韓非政治哲學之整體架構中居於貫通樞紐之地位，而韓非之政治哲學之根本精神乃是以法為中心，術與勢為行法之兩大輔翼。見《韓非子研議》，頁112。

〔註9〕 王邦雄：《韓非子的哲學》，頁223。

〔註10〕 此一論述方式為中國人民大學張立文所提出，指研究中國哲學範疇的邏輯發展及諸範疇間的內在聯繫，是中國哲學範疇在一定社會經濟、政治、思維結構背景下所構築的相對穩定之體系或結合方式。詳載於張立文：《中國哲學邏輯結構論》（北京市：中國社會科學出版社，1989年）。

〔註11〕 李甦平：《韓非》，頁211。

的含義，因而「抱法」乃是指法居於主動控制的地位，而「處勢」則是說勢處在被動受控的地位。〔註12〕

在「法的性能結構系統」中，「法」對「術」和「勢」具有規範、操作、制約的作用，規範、操作、制約必須有對象，故「法」不能離開「術」和「勢」，無勢之力，則法失威；無術之智，則法難行，因而「術」與「勢」對法具有重要的輔翼作用。

「法的功能運作系統」則是闡釋韓非政治哲學的功能價值和運作程序，由其橫向結構的演繹中，可以看出韓非政治哲學的功能乃是表現在治國、治民、治臣的中心上，並以國之治強為唯一的目的和要求。在運作程序上，「術」是此一運作程式的起點，君主充分運用「術」這一行法統治的工具，控制臣下，使各盡其職；操術的結果，是行法統治的工具（術）帶來了行法統治的權力——「勢」。君主「執柄以處勢」，〔註13〕使「勢」無所不禁，成為勝眾之資，而任勢的結果，使行法統治的權力（勢）變成行法統治。「法」是韓非「功能運作程序」的最後階段，也是最高階段。處於這一階段的「法」，包含了「術」和「勢」的因素，既有統治方法（術）的功能，又有統治權力（勢）的功能。〔註14〕

李甦平以「中國哲學邏輯結構論」的方法，經由「法的性能結構系統」和「法的功能運作系統」的分析，使結論之歸趨明確，一致指向韓非的政治哲學是以「法」為中心的一種法治理論。〔註15〕

貳、以「術」為主導者之論述

主張韓非政治哲學乃是以「術」為主導者，以熊十力最為鮮明。熊十力以為，韓非之書（《韓非子》）隨處用法術一詞，雖然法、術兼持，但全書所竭力闡明者，究在於術，全書精神畢竟歸本於術。韓非書中所稱引之故事極富（按：此應指《韓非子》之內、外儲說等六篇，皆為積聚歷史故事與民間傳說以備君王治國用術之參），皆為徵明古今有術與無術者之得失成敗，使國君能鑒觀往事，增長經驗，而善其術。〔註16〕

〔註12〕同前註，頁210、211。
〔註13〕〈八經〉，頁150。
〔註14〕李甦平：《韓非》，頁217～220。
〔註15〕李甦平：《韓非》，頁220。
〔註16〕熊十力：《韓非子評論》，頁2。郭沫若在其〈韓非子的批判〉中，以韓非書中

　　熊十力認爲韓非主張獨裁極權，持論推本於道，其言術，主道家，道家
宗師老子崇尙虛無，深靜以窺幾，具此特質者，冷靜之慧多，惻怛之誠少，
不用世則已，用世則自有天下皆芒之感，而果於獨用其明，力排異己，韓非
之術，終不免出於陰森，流於險忍，其令人不覺慘酷之處，乃受道家所啓發。
韓非之稱能術，所本在於因天道，究物理，以聖人去智巧爲說，但其持論之
條貫與精神所注，頗與其說相違，雖高言黜智巧，實則坐於智巧之膠漆盆中，
出脫不得。〔註17〕

　　熊十力惋惜韓非未能悟及垂斃之韓不能行霸術，反令其術道資秦人之成
功，又嘆息孟子唱民本之論，而無韓非之術，致其說弗行，由是可知熊先生
賦與韓非之術極高之評價，亦認爲韓非頗以其術道自許。熊十力指出：「商鞅
見用於孝公而開秦之霸業，韓非猶不許以用術，但稱其爲法而已。」〔註18〕
可知熊先生認定韓非本人對術之推重在「法」之上。熊十力對韓非高超之術
道亦發奇想，曰：「使韓非於儒家春秋經之民主思想有得，而以彼之能用術，
戮力向當時七國民眾，作眞民主運動，則秦自商鞅孝公以來之兼併政策，必
自毀無疑。」〔註19〕歷史不能重來，熊十力之設想無從驗證，然其對韓非術
道的推崇之重，亦盈盈於字裏行間。

　　唐端正對於法、術、勢之主導性，完全將勢置於題外，而圍繞於「主用
術」、「官行法」之主客觀意義，論證「法」包含在術道之內，成爲君王驅策
天下的工具。唐端正以爲，韓非法、術、勢並用，而特重主道、用術。在「主
用術，則大臣不得擅斷，近習不敢賣重；官行法，則浮萌趨於耕農，而游士
危於戰陳。」〔註20〕之中，好像是法術並重，實則這個法，只是主之法，只
是「上明主法」〔註21〕之法，而「官行法」實即「主用術」的一種變相，亦
即「行法」也者，「用術」之另一種面目而已。「官行法」是人主欲專治天下，
不許群臣擅行賞罰，乃制定賞罰之法，責令群臣依法執行，將此一賞罰之法

　　　「關於〝術〞的陳述與贊揚，在百分之六十以上。」，適足以佐證熊十力之說。
　　　見郭沫若：《郭沫若全集（歷史編2）・十批判書》（北京市：人民出版社，1982
　　　年9月一版一刷），頁352。
〔註17〕熊十力：《韓非子評論》，頁36、38、41。
〔註18〕同前註，頁22、27。
〔註19〕同前註。
〔註20〕〈和氏〉，頁295、296。
〔註21〕韓非姦劫弒臣篇有「夫有術者之爲人臣也，效度數之言，上明主法，下因姦
　　　　臣，以尊主安國者也。」之語。〈姦劫弒臣〉，頁216。

作爲驅策天下的帝王工具。〔註22〕無爲而治是韓非治道的最高境界，在虛靜無爲的主道主術中，便包括了法治在內，〔註23〕此爲法包含於術內之另一項說明。唐端正以爲，韓非之學，與其稱之爲法家，不如稱之爲術家，至少亦當稱之爲法術家，此與熊十力之看法可謂英雄所見略同。〔註24〕

唐端正認爲「官行法」繫於客觀之制度，「主用術」繫於人君之主體，「任術必然破壞客觀之法制，任法則必然不容人主用術，法術乃矛盾之二物，韓非並用之，結果只能以術爲主，以法爲從，成就一個獨裁專制之治。」〔註25〕

王元化由韓非把先秦時代不能混爲一談的法、術、勢加以雜揉，又將法和術予以明確區分，並將「術」置於「法」之前，〔註26〕作爲韓非重術甚於重法、重勢的論據。王元化認爲，韓非不但用術去補充法，而且進一步把術和勢聯繫起來，引韓非〈外儲說右下〉之語，作爲術聯繫勢的證據：

　　國者、君之車也，勢者君之馬也。無術以御之，身雖勞，猶不免亂。

　　有術以御之，身處佚樂之地，又致帝王之功也。〔註27〕

君以勢臨國，必須有術以治之，猶如以術御馬，使馬曳車，有術與無術，其勞佚與效果差之千里。王元化以爲，「在韓非學說中，法、術、勢這三個方面，術是居於中心的地位。一部《韓非子》主要談的是術，而不是法。」〔註28〕並且強調，韓非以法、術、勢相互爲用，有主次之分：「有勢才有法，有術才有勢；法依勢立，勢因術行。說來說去，術還是最根本的核心。」〔註29〕

韓非所建立的獨識且卓越的「人設之勢」論述（詳第三章第三節參），王元化認爲，這種人設之勢複雜而重要，不是每個君主所必能具有，必須老謀深算，諳練權詐，才能爲自己創造出一個並非現成的人設之勢來。王元化認爲，君主只有把術揣摸到家才能創造並實行人設之勢，人設之勢是依靠術來

〔註22〕唐端正：《先秦諸子論叢》，頁230。

〔註23〕同前註。

〔註24〕唐端正在其《先秦諸子論叢》，頁230。有「至少當稱（韓非）爲法術家」之語，熊十力在其《韓非子評論》，頁2之首行，即云：「韓非之學，不爲法家正統，熊先生謂當正名爲法術家。」另郭沫若氏亦有相同之意見，見郭沫若：《郭沫若全集（歷史編2）・十批判書》，頁343。

〔註25〕唐端正：《先秦諸子論叢》，頁237、238。

〔註26〕王元化引《韓非子・定法》「術者，因任而授官，……此人主之所執也。法者，憲令著於官府……此人臣之所師也。」條，見〈定法〉，頁76、77。

〔註27〕〈外儲說右下〉，頁607。

〔註28〕王元化：〈韓非論稿〉，見傅傑選編：《韓非子二十講》頁160。

〔註29〕同前註，頁172。

形成的。〔註 30〕由反面解讀王元化之意，宜乎爲：君王如無術或未將術揣摸到家，則人設之勢無法形成。

參、以「勢」爲主導者之論述

　　高柏園爲以勢爲主導的倡導者之一，高不同意王邦雄所主張之以法爲中心、以術與勢爲支持的法、術、勢綜貫性優先關係，而主張法、術、勢三者之間並非平列關係（按：文中乃承接對王邦雄之看法，此處之「平列」宜乎爲「綜貫性」，或係手民誤植或筆者有所未解），而是以勢爲優先之優先性關係，而法與術皆只是助長君勢之充分伸張之方法與條件。〔註 31〕

　　高柏園以爲，韓非在〈難勢〉篇論勢時，基本上已預設了君勢之存在，而僅係提出一套方法以積極輔佐此掌勢者（君王），以達此勢之充分伸張而治國，此即人設之勢之主要用心所在，（此處君勢——君的自然之勢——加上一套積極輔佐之方法似即爲人設之勢），因而君勢既爲自然之勢，即表示此勢不受制任何人爲規則之下，故君勢顯然不受法的制約而成爲一獨大之局面，而法與術也僅是用以輔佐君勢之手段或工具。〔註 32〕

　　高柏園另由〈定法〉篇中，直接舉韓非之言以支持法與術乃輔佐勢之工具：

> 術者、因任而授官，循名而責實，操殺生之柄，課群臣之能者也：此人主之所執也。法者、憲令著於官府，賞罰必於民心，賞存乎愼法，而罰加乎姦令者也；此人臣之所師也。君無術則弊於上，臣無法則亂於下。此不可一無，皆帝王之具也。〔註 33〕

以法與術兩者不可一無，「皆帝王之具」，作爲法、術二者爲輔佐工具，而勢之優先乃必然之論的文獻支持。〔註 34〕

　　高柏園最後由韓非「趨利避害、自利自爲」的人性論立場，說明勢的優先性，認爲韓非既然以「利」爲人性之內容，則擁有君勢顯然是君王之大利，「以君之自利爲基礎，實在推不出以法自限其勢的主張，當法不能成爲韓非學說之中心，而術本身又是一工具義之存在（前已舉文獻說明法亦爲工具），

〔註 30〕同前註，頁 173。
〔註 31〕高柏園：《韓非哲學研究》，頁 97。
〔註 32〕同前註。
〔註 33〕〈定法〉，頁 76、77。
〔註 34〕高柏園：《韓非哲學研究》，頁 98。

則自然只有以勢爲其中心，此即勢較法與術爲優先之最簡明之說明。」〔註35〕

高柏園謙指，如果勢較法與術爲優先，則韓非基本上乃是一法術家而非一法家，此與熊十力與唐端正以術爲主導之所見殊途同歸。

林緯毅以爲，韓非集法治思想的大成，並非機械式的將法、術、勢排比組合，而是配合劇變的戰國歷史需要，將三者作有機的整合，成爲以勢爲中心，以法、術爲工具的策略性的法治思想。〔註36〕林緯毅以爲，韓非之謂勢，包含了勢位、權勢與威勢，而韓非的人設之勢即是在固有的勢位與權勢基礎上，以法、術來保障、增強、鞏固人主的勢位以及隨此勢位以俱來的權勢與威勢。〔註37〕

林緯毅由人設之勢的另一角度闡釋與韓非經常法、術並言，論述以勢爲中心，以法、術爲工具的策略性：

人設之勢是中材之主在承襲權位的前提下，以自然之勢爲基礎，「抱法處勢」以求治，「抱法處勢」的人當然是國君，即國君處於君勢、掌握法令治國。林緯毅認爲抱法處勢的具體手段是國君行「慶賞之勸、刑罰之威。」〔註38〕由公開與成文的結構層面來看，慶賞與刑罰是法；從用人、控制、考核與防範的操作層看，慶賞與刑罰是術，因而韓非的所謂中主抱法處勢，實際上即是抱法、用術、處勢，也即是以法、術來加強及鞏固中主所承襲的政權，成就其所謂人設之勢。其中法、術之工具義甚明，其最終目的則是完成人設之勢。〔註39〕

在韓非之法、術並言上，林緯毅舉「君無術則弊於上，臣無法則亂於下。此不可一無，皆帝王之具也。」〔註40〕「操法術之數，行重罰嚴誅，則可以致霸王之功。」〔註41〕等法術並言之例凡八處（按：《韓非子》中，法、術並言之處，遠不止此數，熊十力亦指韓非書中隨處用法術一詞），作爲法、術乃服務君勢之工具的舉證。〔註42〕

〔註35〕同前註。
〔註36〕林緯毅：《法儒兼容：韓非子的歷史考察》，頁132。
〔註37〕同前註，頁138。
〔註38〕〈難勢〉，頁70。按：原文爲「無慶賞之勸、刑罰之威，釋勢委法，堯舜戶說而人辯之，不能治三家。」林緯毅取其反面解讀之義。
〔註39〕林緯毅：《法儒兼容：韓非子的歷史考察》，頁142。
〔註40〕〈定法〉，頁77。
〔註41〕〈姦劫弒臣〉，頁224。
〔註42〕林緯毅：《法儒兼容：韓非子的歷史考察》，頁142～145。

　　邱黃海在其《從「任勢為治」說的形成論韓非思想的蛻變》博士論文中，認為「法」與「術」皆為所以落實「任勢為治」的統治工具。邱黃海所採用的分析方式，乃是「透過法、術、勢的相關篇章（主要為〈難勢〉與〈定法〉兩篇）的探問，在不忽略法、術、勢三個概念之分解與綜合關係之情況下，揭露出法、術、勢概念的思想內涵所呼應的哲學關懷。」〔註43〕

　　邱黃海比較〈難勢〉與〈定法〉兩篇後指出，〈定法〉雖未提到「勢」的概念，但可以由其對「法」與「術」概念的規定中看出，「法」與「術」的設施，乃是要落實「勢」的統治，〈定法〉的術之概念，反映了〈難勢〉篇中所顯現的統治權力（勢）與統治工具（術）的一體性，也即是反映了〈難勢〉篇的統治觀念。人主之所以能用術，乃是因為他「操殺生之柄」，「殺生之柄」即是權柄，而「法」之所以能行，憑藉的也是賞罰的權柄，因而在「法」的概念中，同樣的反映了統治權力（勢）與統治工具（法）的一體性，由此而歸結「法」與「術」都是落實「任勢為治」的統治工具。〔註44〕

肆、論法之當為主體

　　徐師漢昌在其《韓非子的法學與文學》總論中，對研究韓非思想者提示一極重要之觀點，即韓非之立論乃為國君而立，〔註45〕亦即韓非之書乃是寫給君王看的，故論勢不必詳，因君王自己有勢，教其固勢即可。固勢在法與術，法已定（如何定、何人訂是另一層），不隨時變，君用法即可；唯固勢、用法皆在術，故論術文字最多，因其旨在教君用術自保，教君用術察臣民，凡此均非三言兩語所能盡，術需日日用，時時用，故論之最詳，但不可因此謂為術家，因為君勢、政局之成敗繫乎法，術不過保證法之確實運用耳。

　　韓非言法、術、勢出自不同之篇章，各篇章就同樣的法、術、勢之主題，往往有不同之敘述，而互為牴牾之處且不在少，鄭良樹將韓非思想之發軔與轉折分為三期，早期思想之特質為「廣拓」，其有關君臣治國的理論——法、術、勢之見解多由是出——君臣方面尚有儒家的影子在，治國方面、立論之系統性

〔註43〕邱黃海：《從「任勢為治」說的形成論韓非思想的蛻變》，頁142。按：此為哲學研究所博士論文。

〔註44〕同前註，頁142、143。

〔註45〕「韓非立論乃以君主政體為前提，其思想非為人民而發，亦非為大臣而設，只是為國君而立。其思想所期盼瞭解的對象和蘄求運用的對象，都是以國君為第一優先。」見徐漢昌：《韓非的法學與文學》，頁1。

亦尚未全現，此期有關法、術、勢之論述，多出自〈姦劫弒臣〉、〈功名〉、〈守道〉、〈安危〉、〈備內〉、〈八姦〉、〈六反〉、〈三守〉諸篇；中期之思想特質為「深掘」，已徹底擺脫儒家之影響，其法、術、勢的主張，已自形成密不透風的治國手段，論述多出自〈定法〉、〈難勢〉、〈八經〉、〈二柄〉、〈和氏〉、〈孤憤〉、〈八說〉、〈五蠹〉、〈顯學〉以及難篇、內外儲說諸篇；後期之思想特質為「歸要」，其君道和制臣兩主題之論述，已成為法家最具特色之豐碑，〈主道〉、〈揚權〉、〈亡徵〉、〈南面〉、〈說難〉為其立論之所出。〔註46〕明乎韓非早、中、晚期思想之特質與轉折，則應知《韓非子》五十六篇並非成於一時一地，思想既有轉折，論述自不可能完全一以貫之，各別主張以法、以術或以勢為主軸之學者，在《韓非子》之不同篇章中，各取所需，以致於立論皆有所據，將不可能同為主軸的法、術、勢說成己意所主張之主軸。輾轉閱讀各學者之立論，對照《韓非子》原典中之立言（其中有牴牾之處者，則依鄭良樹之所見，取韓非後期之言為據，以其更為成熟精練故也），試圖一解何者為主軸之結。〔註47〕

　　筆者以為，韓非之政治思想，以法為優先、以法為重心，亦以法為主軸。爰據所見，條陳於次：

　　法家之名，首見於司馬談之論六家要旨，〔註48〕司馬談生年不可考，卒於西元前 110 年。韓非卒於西元前 233 年，早於司馬談一百二十三年，之前以術見稱的申不害、以勢見稱的慎到、以法見稱的商鞅，更早於司馬談二百年以上。司馬談不將此輩人物名為「術家」或「勢家」，而稱之為「法家」，是否於命名之際，早已心有定見，將「術」與「勢」涵攝在「法」之意義內，可堪玩味。司馬談之後的劉歆《七略》，班固的《漢書・藝文志》，一仍「法家」之名而不改，二千年來史家之傳諸子者，代代相沿，無有異議，亦應為對此一名稱之認同。韓非集法家之大成，名其為法家，更應毋庸非議。筆者以為，以韓非為「術家」或「法術家」者，應是在凸顯其所見《韓非子》部

<hr>

〔註46〕鄭良樹：《韓非之著述及思想》（台北：台灣學生書局，1993 年 7 月初版），頁375～536。

〔註47〕筆者以不同之領域轉入中文之後學，於中文典籍精奧，浸淫未深，或不免陷於引喻失義之糾結，而所見有不同於前輩學者之處，其完全無意冒犯之用心，當應能獲得諸先輩之諒解。

〔註48〕《史記・太史公自序第七十》，頁 1367、1368。略云：「談（司馬談）為太史公，……愍學者之不達其意而師悖，乃論六家之要旨曰……法家嚴而少恩。然其正君臣上下之分、不可改矣。」以及「法家、不別親疏，不殊貴賤、一斷於法，則親親尊尊之恩絕矣。」

分旨義之學術價值。

法爲君所立，術爲君所用，勢爲君所有，明乎「所立」、「所用」、「所有」皆指向國君，則較易明瞭三者之主從關係。法、術、勢三者，惟有法是見諸形跡的：「編著之圖籍，設之於官府、布之於百姓」。術則是藏之於君王心中，「術不欲見」的，而且術要如何用，要用到什麼程度，也是君王收發於心，不形諸於外的。至於勢則是一種無形的存在，但勢的強弱與穩固程度，則會因應君王的用法、行術（以及其他一定的外在條件，諸如：軍事、經濟等）而變化的。對於臣民百姓，三者中唯一可見到的是法。君王治理臣民百姓，牽一「法」而動全身，則有「形（形跡）」之法爲體，無形之術、勢爲用，其體用之關係可知；君王不能因欲用術而使法之條文內容隨一己之意向而作（早晚）不定時之改變，但卻必因「變法」（或另立新法）而調整用術之心態與方法（勢在此時，只能輔助行法或用術，已退爲工具之意義），則法爲主，術、勢爲從，豈不昭然若揭！當術與勢必因變法或另立新法而相應調整時（或初立法即須因法之內容而決定用術之方法步調，以及以勢助長用術行法時），則「法對於勢與術的發用，具有其規範制衡的效能」〔註49〕豈不也是不喻自明！

至於「一部《韓非子》主要談的是術，而不是法」（王元化語），誠然不假，郭沫若在其〈韓非子的批判〉中，以「他（韓非）的書中關於〝術〞的陳述與贊揚，在百分之六十以上」，〔註50〕亦可爲之佐證，而所有閱讀、研究《韓非子》者，亦必然感受到韓非言術之文字特多。耗用全部作品百分之六十以上的文字，當必也耗用作者在全部作品中等量比例之心力。但用字多、耗心力多，敘述周詳，絕不等於此部份即爲主體，茲舉一簡單之例證即可明瞭：凡立母法，必有子法；凡定規章，必有施行細則，子法較諸母法或施行細則較諸規章本文，其繁複之程度，何止倍數，但亦不過爲後者之衍生而已，重要性、主導性均不能與之等量齊觀。

有關「君勢既爲自然之勢，即表示此勢不受制任何人爲規則之下，故君勢顯然不受法的制約而成爲一獨大之局面。」（高柏園語），筆者以爲，勢固然爲君所有，法亦爲君所立，此「人爲」並非他人所爲，而係國君自爲，並非如現代之立法機構，立法以規範人民，同時亦規範政府（包含最高領導人），君勢所受之制約，顯然爲國君在權衡諸多因素之下，所願承受的所立之法的

〔註49〕王邦雄：《韓非子的哲學》，頁228。

〔註50〕郭沫若：《郭沫若全集（歷史編2）・十批判書》，頁352。

制約，這些因素或爲換取更多之「公利」（亦國君之利），或爲避免比君勢受少許制約更大之損害，如若不然，何須立法以自限！韓非云：

> 法、所以制事，事、所以名功也。法立而有難，權其難而事成，則
> 立之。事成而有害，權其害而功多，則爲之。無難之法，無害之功，
> 天下無有也。〔註51〕

君王立法，務在人人共守，其主要目的，在於鞏固——而非限縮——君勢之統治，法中對君王之少許制約，正足以徵明君王率先垂範，增強行法效力之用心，且並非所有之法條均制約君勢，若某一制約君勢（亦同時制約臣民）之法條，在國君權衡之下弊多於利，則可以不立此法條或廢止此法條。能認知法並非國君之敵而係國君之助，能認知法係國君所自立而非欲限制君勢之人所立，則似乎不應有勢不受法之制約而成爲獨大局面之問題。

　　邱黃海所主張「法」與「術」皆爲落實「任勢爲治」的統治工具之看法，邱所云「任勢爲治」的勢，由其論文之主旨，應爲人設之勢，以「人設之勢」與「法」、「術」爭主導，爭何者爲主軸，則似乎不盡公允，且自另一角度觀察，亦失去爭之意義。蓋在人設之勢中，「法亦爲勢的一種延伸，成爲勢的一部分」（邱黃海語），則以「法」在「勢」中的「人設之勢」與「法」爭高下，豈非無謂。至於高柏園與邱黃海所主張法、術皆爲君勢之工具，而法與術僅是工具義之觀點，（高柏園並引原典：「術者，因任而授官……法者，憲令著於官府……此不可一無，皆帝王之具也。」作爲佐證。）筆者亦有不同之看法：法與術，確乎皆爲帝王之具（皆爲君王治國之工具），此在言法與言術時必須強調，但「法」與「術」卻並非「君勢」之工具，因爲「君勢」並不等同於君王！君王因爲有勢，才能令行禁止，則勢亦爲國君治國之工具，其義甚明。陳森甫之論勢治，有謂「勢爲國家統治人民之一種權力，此權力爲統治人民必要之工具。」以及「勢治乃爲法治之輔佐」、「韓非採用勢爲法之輔助者，蓋以勢之政治力量，而推行政治也。」〔註52〕馮友蘭在論「（法、術、勢）三派與韓非」時，亦有「韓非以爲勢、術、法，三者，皆『帝王之具』不可偏廢。」〔註53〕則法、術並非「君勢」之工具，而法、術、勢皆爲國君

〔註51〕〈八説〉，頁139。
〔註52〕陳森甫：《韓非之政治思想研究》（屏東市：台灣大成書局，1962年4月初版），頁52、53、54。
〔註53〕馮友蘭：《中國哲學史》，頁391。

之工具，似乎也無須再辯。

第二節　法術勢的邏輯結合

專言法、專言術、專言勢均爲韓非所不取，〔註 54〕韓非將法、術、勢分開來看，而又將法、術、勢三者連在一起。〔註 55〕在第三章中，已分別就法、術、勢之概念、演變發展、韓非之法治思想、用術思想與重勢思想作獨立之敘述，本章則進一步的將三者做不同的邏輯組合，並對每一種可以存在之組合結果予以分析申論。

不同的分類與組合，常有可能觸發不同之思考。韓非言法，自始至終未有類分，言術則有積極面的督責之術與消極面的察姦之術，言勢則大分爲自然之勢與人設之勢，茲分別以法與術的結合、法與勢的結合、術與勢的結合、法與術、勢的結合，依次析論如下。

壹、法與術的結合

討論「法」、「術」、「勢」中任二者之結合時，其第三者並非全然無存（可將之視爲隱性之存在），祇是其存在並不影響前二者結合關係之特質。此處討論法與術之結合時，勢可視爲隱性之存在。

韓非書中，每每法、術並舉。徐文珊教授以爲，法與術爲韓非之兩大主張，亦即政治上之兩大工具，法、術必須並用，二者不可缺一。〔註 56〕依前述類分，法與術的邏輯結合關係爲：

法　督責之術　察姦之術

依邏輯排比，產生「法與督責之術」的結合及「法與察姦之術」的結合

〔註 54〕王靜芝：《韓非思想體系》（台北縣：輔仁大學文學院，1979 年 10 月再版），頁 19～21。而李甦平亦以韓非政治哲學的精義在於法術勢互相統合，互相作用，集法術勢爲一體的法治思想。見李甦平《韓非》頁 204。

〔註 55〕同前註，頁 26。又，王元化：〈韓非論稿〉，傅傑選編：《韓非子二十講》，頁 159 中亦云：「在先秦時代，法、術、勢是不能混爲一談的，尤其是法和術更有一定的嚴格區別，直到韓非才把他們雜揉在一起。」

〔註 56〕徐文珊：《先秦諸子導讀》（台北：幼獅書店，1972 年元月修訂再版），頁 348、349。

兩類組合，茲分述其義蘊與特性如下：

一、法與督責之術的結合

此一組合亟具正面性，亦為韓非總其成的法家之治取代儒家人治論辯中之最具說服力者。韓非云：

> 夫為人主而身察百官，則日不足，力不給。且上用目，則下飾觀；
> 上用耳，則下飾聲；上用慮，則下繁辭。先王以三者為不足，故舍
> 己能，而因法數，審賞罰。〔註57〕

言人治者，察事、觀物、查核、決行，必以其耳、目與智慮，但人主之耳、目、智慮未必至善，未必可以依恃。不能自比於「先王」的國君，率爾妄用此三者，誤事者多，得當者少，況乎先王亦以三者為不足！為政治國，萬無一失的方法是法術。棄法術而用耳、目、慮所產生的智巧，其能不限於「以智治國、國之賊」〔註58〕的境地者也幾希。

儒家謂徒法不足以自行，韓非雖極端反儒，但亦深得此旨，並為之增補，所以要增補亦即是對儒家之說的反動。韓非取申不害之術〔註59〕以救法治之所不及，使國君地位鞏固，臣下不能侵犯，國本既定，法治乃可以成立。〔註60〕

韓非將「法」之用人與「術」之督責並列處甚多，茲舉數例：「明主之國，官不敢枉法，吏不敢為私，⋯⋯是以有道之主，不求清潔之吏，而務必知之術也。」〔註61〕奉法而以術督責，勝過尋求廉潔之官吏；「夫治法之至明者，任數不任人，⋯⋯有術之國，去言而任法。」〔註62〕聽其言而用人不如依法擇人，

〔註57〕 〈有度〉，頁259。因法數即因法術（數即術字），見徐漢昌：《韓非子釋要》，頁147。

〔註58〕 〈難三〉，頁358。按此語出自《老子》第65章。

〔註59〕 對於申不害的學說，韓非在吸收與融合上，特別將申不害的「法」解釋為「術」，同時批評重「術」而不重「法」所可能造成的不良後果：「申不害，韓昭侯之佐也，韓者，晉之別國也。晉之故法未息，而韓之新法又生，先君之令未收，而後君之令又下。申不害不擅其法，不一其憲令，則姦多。故利在故法前令，則道之，利在新法後令，則道之。新故相反，前後相悖，則申不害雖十使昭侯用術，而姦臣猶有所譎其辭矣。故托萬乘之勁韓，十七年而不至於霸王者，雖用術於上，法不勤飾於官之患也。」（〈定法〉，頁78。）依韓非的理解，申不害的「法」即是「術」。以上參見蔡英文：《韓非的法治思想及其歷史意義》（台北：文史哲出版社，1986年2月初版），頁194。

〔註60〕 蕭公權：《中國政治思想史》，頁245。

〔註61〕 〈八說〉，頁139。

〔註62〕 〈制分〉，頁834，此處任數謂任法。

循法度用人；「有術之君，不隨適然之善，而行必然之道。」〔註63〕必然之道就是法。能行法的國君，就是有術的國君。〔註64〕「明主之道，一法而不求智，固術而不慕信，故法不敗，而群臣無所姦詐矣。」〔註65〕用術在確保法治實行，用法在使術之督責有所依歸，法術並行，兩者相輔爲用。〔註66〕合術與法爲一體，共同成爲鞏固君勢的必要條件。法是術的依據，術爲法的倚仗，眞正會用術的國君，是懂得行法治的人。〔註67〕「操法術之數，行重罰嚴誅，則可以致霸王之功。」〔註68〕以及「釋法術而任心治，堯不能正一國。」〔註69〕一操法術，一釋法術，前者雖中主可以王霸天下，後者則聖賢亦無以治一國，其相去亦已遠矣。

法與督責之術的結合，可以在韓非定義術之「因任而授官、循名而責實、操殺生之柄、課群臣之能」中見其旨要：韓非嘗言「明主使法擇人，不自舉也；使法量功，不自度也。」〔註70〕「因任而授官」的「術」，須受「使法擇人」的「法」所規範，「循名而責實」之「術」，旨在「課群臣之能」，實亦在「使法量功」之「法」的制約下，由是可知，授官量功之術，其實即是任法；韓非反對心治，只主張以法誅罪，故術之「操殺生之柄」，實際意義即君王把握執法之權，君王者，所以治理臣民，而「治法之至明者，任數不任人」〔註71〕所以「任法」、「治法」都是「術」的問題。〔註72〕

依所定之法，因任授官，循名責實，並依法決定群臣之賞罰，有依法行政，促進行政績效之積極意義。韓非云：

> 人主雖使人，必以度量準之，以形名參之。事遇於法則行，不遇於行則止；功當其言則賞，不當其言則誅。以形名收臣，以度量準下，此不可不釋也。〔註73〕

〔註63〕〈顯學〉，頁16。不隨適然之善謂不追求偶然之德化。

〔註64〕徐漢昌：《韓非的法學與文學》，頁137。

〔註65〕〈五蠹〉，頁48。一法，一任於法，謂完全依於法，固術謂固守其術。

〔註66〕徐漢昌：《韓非的法學與文學》，頁137。

〔註67〕同前註，頁135。

〔註68〕〈姦劫弒臣〉，頁224。

〔註69〕〈用人〉，頁791。

〔註70〕〈有度〉，頁253。

〔註71〕〈制分〉，頁834。任數即依靠法制。

〔註72〕張純、王曉波：《韓非思想的歷史研究》，頁129。

〔註73〕〈難二〉，頁338。

此實爲「法」與督責之術的理想結合。王邦雄認爲，韓非在此處所言之術用，並未逸出法的規範之外，「而實爲貫徹法之不得不有的行政政序。」〔註74〕韓非承申不害察姦之術，而另爲推衍發揚申不害所未言的督責之術，並使其合於「法」之規範，宜乎爲術治思想之一大進階。

法與督責之術相結合，國君以法用人、使人，以術監督考核，大臣兢兢業業，守法任事，君王少用耳、目、智慮，縱使不能到「無爲」的程度，但必定已輕鬆愉快許多。君王不必聖賢，而國之治則屬必然，法家理想的「以法治國，舉措而已矣」〔註75〕其斯之謂乎。

二、法與察姦之術的結合

《韓非子》一書中，論術之內容超過百分之六十，術之內容複雜，周勳初在總結術之定義時〔見第三章第二節（一）〕，認爲術是用來察姦和防姦的一種權術：「從公開的方面來說，是用循名責失的辦法來考核臣下，從秘密的方面來說，則是指暗中用來控制臣下的一些手段。」〔註76〕「法」與察姦之術的結合，於是面臨能否結合的問題，如果答案爲否定，固無須繼續討論，如果是部分肯定，則須說明何處可以結合，何處不可以結合。法與察姦之術，有其不可能全面結合的因素存在，因爲二者之間有其難解之內部矛盾。〔註77〕韓非云：

> 人主之大物，非法則術也。法者、編著之圖籍，設之於官府，而布
> 之於百姓者也。術者、藏之於胸中，以偶眾端而潛御群臣者也。故
> 法莫如顯，而術不欲見。〔註78〕

法是成文的、公開的、人所共知的，既是如此，當然應是人所共守的，而君王亦不能自外：韓非之言法，與法家前輩之言法一脈相承，從未明言君王可以自外於法（惟太子——當然含太子以上——不及於刑而已），君王要臣民守法，自應率先垂範。術是不成文的、不公開的、不可要人知道的，其中含有一些見不得人的、不能以「法」檢驗的因素。以此言之，法與術之間，存有一些不可解的內部矛盾，自不可能全面結合。筆者以爲，「法」可以與周

〔註74〕王邦雄：《韓非子的哲學》，頁197。
〔註75〕〈有度〉，頁262。
〔註76〕周勳初：〈韓非〉，傅傑選編：《韓非子二十講》，頁25。
〔註77〕內部矛盾一辭，初見於劉家和：〈韓非子的性惡說〉，傅傑選編：《韓非子二十講》，頁246。
〔註78〕〈難三〉，頁363、364。

動初所云之公開的方面——用循名責失的辦法來考核臣下——相結合，而無法與秘密的「暗中用來控制臣下的一些手段」相結合。韓非要人「奉公法、廢私術」〔註79〕，術爲人主所獨擅，而所謂「私術」云者，韓非或不便明言，應是指君術之離法自行，流爲陰私自用。〔註80〕陰私則不能見於陽光之下，「離法」當然是不能與「法」結合了。《韓非子》〈八經〉中之「立道」與「起亂」二篇，論述君王行私術之道的原則甚多，其中專爲人主之利而治（臣）民，「每不擇手段，妨害法治」〔註81〕之處屢見，學者雖有評驚，常常一語帶過，尚不見有深入研析者。

「法」之可以與察姦之術結合的部分，亦即是法與術之間擺脫矛盾而互補的部分，如韓非言術之「參伍徵驗」，正是「用術來明辨臣下說的話，是眞是假、有用無用；判斷臣下做的事，是成是敗、是利是弊；進而瞭解臣下是忠是姦，這是國君想保住『勢』、鞏固『位』、擁有『權』的必要工作，也是對臣下是否遵循『法令』的必要考核。」〔註82〕此可以作爲「法」與察姦之術互爲結合的最佳詮釋。

「法」與察姦之術的結合，乃是把法的「罰加乎姦令」、〔註83〕「法之所加，智者不能辭，……刑過不避大臣」〔註84〕的精神，結合人主所獨執的「操殺生之柄」、〔註85〕「藏之於胸中，潛御群臣」〔註86〕達到「明主之道，一法而不求智，固術而不慕信，故法不敗，而群臣無姦詐矣」〔註87〕之目的。

綜計法與術之結合，可知法與私術之間存有不可結合之矛盾，而法與督責之術的結合，以及法與察姦之術可以公開結合的部分，其結合則可以對君國產生無比之公利。韓非云：

> 託於犀車良馬之上，則可以陸犯阪阻之患；乘舟之安，操楫之利，
> 則可以水絕江河之難；操法術之數，行重罰嚴誅，則可以致霸王之

〔註79〕〈有度〉，頁 257。
〔註80〕王邦雄：《韓非子的哲學》，頁 232。
〔註81〕吳秀英：《韓非子研議》，頁 104。此語係針對王雲五：《先秦政治思想》，頁 311 所云韓非之論用術係利在人主而發。
〔註82〕徐漢昌：《先秦諸子》，頁 165、166。
〔註83〕〈定法〉，頁 77。
〔註84〕〈有度〉，頁 262。
〔註85〕〈定法〉，頁 76。
〔註86〕〈難三〉，頁 364。
〔註87〕〈五蠹〉，頁 48。

功。治國之有法術賞罰，猶若陸行之有犀車良馬也，水行之有輕舟
便檝也，乘之者遂得其成。〔註88〕

可以作爲「法」、「術」結合亟有利於君國的直接說明。

貳、法與勢的結合

　　承前述，討論法與勢之結合時，術可視爲隱性之存在，且術不影響法與
勢結合之特質。勢可分爲自然之勢與人設之勢已如前述，法與勢之邏輯結合
關係爲：

　　依邏輯排比，產生「法與自然之勢的結合」及「法與人設之勢的結合」
兩類組合，茲分別說明如下：

一、法與自然之勢的結合

　　在韓非提出人設之勢的見解之前，法家前輩所言之「勢」，皆爲自然之勢。

　　在第三章第三節（三）勢之分類中，已闡明人設之勢乃「威勢的運用必
與國法相結」、「法與勢緊密地結合爲一體」；人設之勢中，「法爲勢的一種延
伸，成爲勢的一部分」。綜而言之，法與自然之勢的結合，即爲人設之勢。

　　前已就人設之勢的法與勢（自然之勢）的結合方式、人設之勢的特質及
如何「抱法處勢」有所說明，茲再就人設之勢中，法與勢結合的效用與產生
的相對關係加以闡述：

　　（一）助長與制衡關係：用權力可以行法制（以勢行法）固不待言，用法
　　　　　制亦可保障權力。勢是君主的權力，法是規範制度。處事有規範不
　　　　　越權，荐人有制度不循私，如此則君勢可保，國政可治。〔註89〕法
　　　　　制與權力（法與勢）兩者互爲體用。君勢因有法作爲後盾而力量益
　　　　　強，此可以說明法之能助長君勢。而韓非之言法，亦有許多限制君
　　　　　勢之處，韓非雖未明言（亦不便明言），但屢屢說明國君不行法，
　　　　　則臣壞政敗，終而國亡身死的道理，作爲對國君的一大警惕。「以

〔註88〕〈姦劫弒臣〉，頁224。
〔註89〕楊樹藩：〈韓非〉，《中國歷代思想家》第二冊，頁775。

法助成君勢，亦以法來制衡，是韓非成就。」〔註90〕而就國君之主觀立場而言，爲鞏固權勢，不暴露自己的缺點，也不得不行法治。
〔註91〕蓋因人主不行法治，則會流於率性而爲，任意而行，必然產生許多錯誤而暴露自己的缺失，威信流失，受臣下輕視。

　　君臣利異，國君既不能使臣下主動樂意的爲君作事，就只有使用講利害的強迫手段，〔註92〕軟硬兼施的使臣下就範。利害本於人情：「人情者有好惡，故賞罰可用。」〔註93〕其具體方法則是：

　　　　設民所欲，以求其功，故爲爵祿以勸之；設民所惡，以禁其姦，故
　　　　爲刑罰以威之。〔註94〕

賞罰是以勢行法的手段，在法與自然之勢結合的人設之勢中，賞罰具有「法」的公正性，也具有「勢」的權威性，勢爲權力，法爲規範，權力不附以賞罰則不威，規範不附以賞罰則不行，〔註95〕賞罰並用，法勢俱行，其收效自必宏遠。

　　（二）共守與獨操之矛盾：在法與勢緊密結合的人設之勢中，法應君臣共守，勢則必須由君王獨操，二者之間存有共守與獨操的矛盾。

　　　　法應君臣共守，其理至明，韓非云：

　　　　人主不能明法以制大臣之威，無道得小臣之信矣。人主釋法，而以
　　　　臣備臣，則相愛者比周而相譽，相憎者朋黨而相非，非譽交爭，則
　　　　主惑亂矣。人臣者、非名譽請謁，無以進取；非背法專制，無以爲
　　　　威；非假於忠信，無以不禁：三者、惛主壞法之資也。人主使人臣
　　　　雖有智能不得背法而專制，雖有賢行不得踰功而先勞，雖有忠信不
　　　　得釋法而不禁，此之謂明法。〔註96〕

君王不能離法而用人，大臣不能背法而立威，君臣都不可離法背法；「人主使人臣雖有智能不得背法而專制」，尤其說明了君王亦須守法的道理。〔註97〕

〔註90〕　徐漢昌：《韓非的法學與文學》，頁84。
〔註91〕　同前註，頁90。
〔註92〕　同前註，頁91。
〔註93〕　〈八經〉，頁150。
〔註94〕　〈難一〉，頁319。
〔註95〕　楊樹藩：〈韓非〉，《中國歷代思想家》，第二冊，頁789。
〔註96〕　〈南面〉，頁126。
〔註97〕　「不得背法而專制」的人是君王而非人臣，見劉家和：〈韓非子的性惡說〉，
　　　　傅傑選編：《韓非子二十講》，頁247。

　　勢須由君王獨操，代表勢之權威性的賞罰之施絕不可讓臣下染指：「賞罰者、利器也，君操之以制臣，臣得之以壅主。」〔註98〕壅主的結果，會造成主失黨、主失德、主失名、主失制，乃至於主失位。「賞罰下共則威分」〔註99〕以及「賞罰共則禁令不行」〔註100〕賞罰權的獨操與法之共守的矛盾〔註101〕乃不能調和。就君王而言，君臣在守法上應該一致，但用勢則絕不可一致，如果君臣上下的用勢一致，勢也就不成其為勢了。就臣下而言，為君王分勞，在分層負責的行法治事上，若是對更下層的人沒有一點賞罰之勢，則所謂的分層負責，不過是作為中間的傳聲筒，徒具形式而已。韓非未曾細言，但此種矛盾，應能由部分授權的方式解決：在臣下任事之範圍內，一定輕重程度之賞罰，授權由任事之臣自主，逾此則權歸於君，君王所須掌握者，只是如何以法訂定此「一定程度」即可。

　　在闡明法與自然之勢結合的助長、制衡關係以及法與勢的共守、獨操矛盾之後，應知韓非之所以提出法與自然之勢的結合，並非逞其文字上雄辯的技巧，蓋儒家以自然之勢為治，並非無「法」，但此「法」之權衡性過大，「法」與「仁」、「孝」、「義」等儒家之基本價值相抵觸時，往往作若干程度之退縮，「法」作用的地方、作用的大小、作用的優劣等，均難以考量，徒以自然之勢治國，欲國之得治，必須待賢，而此則為韓非不能認同之處。

二、法與人設之勢結合

　　前在闡述人設之勢時，已明確論證「人設之勢即為法與自然之勢的結合」（見第三章第三節勢之類分），故法與人設之勢的結合，語意上乃成為，「法結合法結合自然之勢」，依聯集合之觀念（見第一章第二節），「法結合法」仍為法，則法與人設之勢的結合即等同於法與自然之勢結合的人設之勢。必須再度闡明者，乃法在人設之勢中的角色與功能。在自然之勢中，賢智與自然

〔註98〕〈外儲說右下〉，頁 434、435。
〔註99〕〈八經〉，頁 150。
〔註100〕〈外儲說右下〉，頁 588。
〔註101〕守法與用勢之間的矛盾之說，係梁啟超在《先秦政治思想史》中之所見，郭沫若在《十批判書》曾在多處對梁氏之說大肆批判，甚焉者且認為梁氏「對〈勢難〉根本沒有讀懂。」（見郭沫若：《郭沫若全集（歷史編 2）・十批判書》，頁 356。）但郭氏之批判未及於梁氏的矛盾之說，劉家和則認為梁氏對法、術、勢間存在之矛盾是有所見的。（見劉家和〈韓非子的性惡說〉，傅傑選編：《韓非子二十講》，頁 247，註②）

之勢結合可以爲治，但中主與自然之勢的結合，其爲治爲亂，幾乎只能聽天由命。蓋中主不必然能擇賢（此謂選用賢臣）、督責與察姦。法結合自然之勢成爲人設之勢後，其功能即將前述之「不必然能」轉化爲「必然能」，亦即法在人設之勢中，擔任了巧妙的轉化角色。中主可以依法擇賢、依法督責、依法察姦。依「法」國乃必治，一字之轉，其神奇若是！

參、術與勢的結合

同前設，討論術與勢的結合時，法視爲隱性之存在。前此之分析中，術已類分爲督責之術與察姦之術，勢已類分爲自然之勢與人設之勢，術與勢的邏輯結合關係爲：

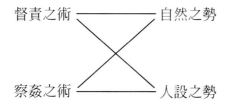

依邏輯排比，產生「督責之術與自然之勢的結合」、「督責之術與人設之勢的結合」、「察姦之術與自然之勢的結合」、「察姦之術與人設之勢的結合」四類結合。

自然之勢與人設之勢簡單易分，即承襲之權勢與法作完全之結合者爲人設之勢，其未完全結合，對法之運用，具有相當伸縮性之任勢（以自然之勢治國者，非不用法），即爲自然之勢。督責之術與察姦之術，係以術之性能運用爲之區分。前章第二節討論韓非之用術思想時，曾以積極面與消極面爲之分野，大體而言，督責之術偏向於積極面，而察姦之術偏向於消極面，積極面之作用多指向君國之公利，消極面則易流於君王之私用，但由於術之具有雙面性，如應用最爲廣泛之形名術與參驗術可用於正面治國行法、舉用考成，亦能用於消極面之察驗姦邪、杜漸防微，而「杜」「防」之間，陰森險忍的術用（不能與「法」契合之術用），在君王的私意之下，即屬無法避免。爲免邏輯結合之分析，陷入術的兩面性中正面與負面之抉擇，陷入君國公利與君王一己之私的牽扯，此處將君王出於一己之私的、不能與「法」契合的術用，置於無「法」可依的自然之勢之結合中（因其在許多地方確屬存在），而將之視爲君王專制時代的不可避免之惡。而同樣之術──如前舉之形名術與參驗術──既可用於督責（治國行

法、舉用考成），又能用於察姦，是則其在性能與運用上有相當之重疊，故在討論術與勢邏輯結合的四種方式之前，此處先泛言術與勢之結合。

作為君王，勢是與生俱來，君王必須治國，而治國必須講求方法，因此「勢」與「術」是作為人君者應具備的基本條件。鄭良樹在討論術與勢時，將「術」附屬於「勢」之下，歸入「為君之道」的範圍內，〔註102〕認為術並不完全是治國的技巧，而是比技巧更高深、更神祕的一種謀略，把「術」作為「勢」的反面運用與陰性發揮。〔註103〕國事錯綜複雜，君、臣、民的互動也非一成不變，如何利用權勢維持及控制整個局面，使國家及個人持續生存發展，確乎應該是「術」的高度妙用。韓非論用術成勢之理云：

> 立功者不足於力，親近者不足於信，成名者不足於勢。近者已親，
>
> 而遠者不結，則名不稱實者也。〔註104〕

此處言「立功者不足於力」，謂立功的人沒有足夠的力量，就是君權不足；「親近者不足於信」乃君王左右親近之用沒有足夠的誠信，便是君術的不善用。權不足、術不善，便是「不足於勢」。〔註105〕所以勢的造成，不全靠位高，而又須術善，術不能善用，則會「近者已親，而遠者不結」，左右近臣雖然親近親信而無用，疏遠者不能團結向主便易生叛離，君王只能使臣下在行為上聽從，而臣下則不肯真心盡忠以事君。有君臣任使言出而動之名，無君臣任使完成事功之實，也即是「名不稱實」。故求勢之成，必須善用術；無勢就不能用術，無術也不足以成勢，二者之間，相生相成。〔註106〕

國君因其君位，連帶而有此一地位之權力。權力無法全力發揮或權卑力弱皆無以治事。如何將應有的權力發揮到極致，有賴於行法用術。術和勢的關係是因勢而後有術，術的作用在鞏固勢。〔註107〕韓非認為，為君之道首先是擁有勢、把持住既有的勢，然後從勢的中心點出發，努力去創造更壯盛的勢——運用公開的法和深藏於胸中的術道，克盡一切手段去造勢，使君主專制更形絕對化，使中央集權更形絕對化。〔註108〕

〔註102〕鄭良樹：《韓非之著述及思想》，頁397、398。
〔註103〕同前註，頁397。
〔註104〕〈功名〉，頁806。不結謂不能團結。
〔註105〕王靜芝：《韓非思想體系》，頁213。
〔註106〕同前註，頁214。
〔註107〕徐漢昌：《韓非的法學與文學》，頁138。
〔註108〕鄭良樹：《韓非之著述及思想》，頁499。

　　術與勢間之相生相成關係，前已言之，而二者更在執柄與操權之處，產生意義上的交集。韓非言勢之性能：

> 君執柄以處勢，故令行禁止。柄者，殺生之制也，勢者，勝眾之資
> 也。〔註109〕

權柄爲生殺臣民的制度，乃是「勢」的表現形式，故其亦爲控制臣民的資本。韓非言術之性能：

> 術者，因任而授官，循名而責實，操生殺之權，課群臣之能者也，
> 此人主之所執也。〔註110〕

其中謂術乃君王掌握生殺大權、考查群臣能力之方法（方法行之有素，亦形同制度）。術與勢雖在此處有意義上之交集，但並非混而不分，其分界在權柄乃因勢而有，而權柄之操持，則屬於術之功能。〔註111〕

　　再者，生殺的賞罰權之施用，屬於術的範疇，爲人主所執，而韓非以自利之人性觀爲出發點，認賞罰權爲勢之有力表現，必須由君主獨攬，以樹立威信，使令行禁止，〔註112〕是則術與勢之關係，又在賞罰權之擁有與賞罰權之施用上，產生密切之交融。

　　堯爲天子時，歷山之農者侵畔，河濱之漁者爭坻，東夷之陶者苦窳，舜躬親前往，各以期年而德化之，孔子讚歎「舜其信仁乎！」而韓非則批評舜不知勸說堯用賞罰使民聽從，「不亦無術乎？」〔註113〕捨賞罰而不用，本可以十日而海內畢的事情，卻耗時費力，用了三個「期年」，不知「賞罰者，利器也」，〔註114〕用賞罰可使天下順從。賞罰權的運用就是「任勢」，由「不亦無術乎」的批評，可知「任勢」亦爲統治之「術」。〔註115〕

　　以上大略泛言勢與術之結合後，此處再論四種勢與術的邏輯結合：

　　一、自然之勢與督責之術的結合：此爲典型的君王專制時代的以勢理政。
　　　　勢確乎可用於督責，用以「課群臣之能」而提高行政效率，也確乎可
　　　　以使君王站在絕對優勢的中央位置上，運用其政治技巧和技術，以絕

〔註109〕〈八經〉，頁150。
〔註110〕〈定法〉，頁76。
〔註111〕王邦雄：《韓非子的哲學》，頁184。
〔註112〕趙海金：《韓非子研究》（台北：正中書局，1967年1月初版），頁73。
〔註113〕此處之記述及片段引文，均見〈難一〉，頁316、317。
〔註114〕〈內儲説下〉，頁434。
〔註115〕張純、王曉波：《韓非思想的歷史研究》，頁129。

對萬能的姿態指揮殿堂下的百官貢獻心力,但因自然之勢沒有定準的「法」作爲督責的規範——自然之勢的用「法」,其伸縮之自由度全在乎人——其督責的效果,端視督責者的能耐。臣下百官任事要做到什麼程度才算完責,沒有定準,對於督責者暗藏於胸中的要求,「不及」應是不可,「過」則或恐是多多益善(而非過猶不及),有能耐的賢主或是被授權分層負責的賢臣,其督責的效果也許猶有可說,否則有權力而無能耐,在沒有確定的規範下督責,必然是效果不彰或是產生反效果。

二、自然之勢與察姦之術的結合:此爲君王專制時代典型的以勢察姦止亂,防篡保權的勢與術的結合。韓非認定所謂的勢就是君主的權位,〔註116〕韓非之術論,由人性自利的觀點出發,君之權位,爲覬覦君位之臣的大利,而貴臣、重臣的動向與謀計,也爲人君所亟欲掌握,「上下一日百戰」〔註117〕君王爲察姦防亂,確保勢位,自必講求術道。韓非云:

國者、君之車也,勢者、君之馬也。無術以御之,身雖勞,猶不免亂。有術以御之,身處佚樂之地,又致帝王之功也。〔註118〕

君王治國御臣,一如駕車御馬,有術與無術之間,境遇相去千里,又云:

(治天下)有術而御之,身坐廟堂之上,有處女子之色,無害於治;無術而御之,身雖瘁臞,猶未有益。〔註119〕

君有術以御臣,則意態從容,安坐廟堂之上或身處佚樂之地,國治身安而有帝王之業,君無術以御臣,則耗力費神,身雖勞瘁而國不免於亂。

君王有權位方能處勢,而處勢之道,在於用術。〔註120〕韓非以爲君行法必求先能制臣,制臣也必須有術,所以術可以說完全是爲了國君的能夠控制群臣而必有,而術的運用,便完全是爲了國君處勢的威權。〔註121〕

在自然之勢中,由於勢的運用範圍,無法(亦無意)由「法」節制,故任勢重術,流弊所及,也足以破壞法治。〔註122〕韓非云:「君所以治臣者三:

〔註116〕王靜芝:《韓非思想體系》,頁207。
〔註117〕〈揚搉〉,頁709。
〔註118〕〈外儲說右下〉,頁607。
〔註119〕〈外儲說左上〉,頁478。有處女子之色,謂有如未嫁女子般之嫻靜從容。
〔註120〕徐漢昌:《韓非子釋要》,頁111。
〔註121〕王靜芝:《韓非思想體系》,頁204。
〔註122〕趙海金:《韓非子研究》,頁66。

一、勢不足以化，則除之……」〔註123〕而除之則不需要任何理由，只是現行的所謂「法」對之無可奈何而已。所謂「賞之、譽之，不勸；罰之、毀之，不畏；四者加焉不變，則除之。」〔註124〕除之的手段，也不能見於光天化日之下，或行飲食毒殺，或與之仇而借刀殺人，居心與作為，流於極度慘忍。儒家所看重的「富貴不能淫，貧賤不能移，威武不能屈」的「大丈夫」（孟子滕文公下），如不能與當道相合，在此將也無法存活。

三、人設之勢與督責之術的結合：前章第三節參、析論人設之勢時，歸納得知人設之勢有下列特點：

（一）威勢的運用必與國法相結，法與勢緊密的結合為一體。

（二）「法」成為「勢」遂行統治的工具，「法」亦為「勢」的一種延伸，成為「勢」的一部分。

（三）人設之勢的「抱法處勢」乃是統治權勢與統治工具之統一，而處勢之道在於用術。

督責之術為韓非術治說中積極之一面，其性能為以術擇人與以術考成，其運用為治國御臣與行法治政。（參見第三章第二節參之一、二）

人設之勢與督責之術的結合，有精確的法律規定作為準繩，在「勢」的推動下，君王之治國，可一秉於謀定之大政方針，行之而無所窒礙，而君王更不以個人之利害曲為更張法律規定；君王之御臣，虛靜以待，「去智而有明，去勇而有強」；〔註125〕君王之行法，客觀無私，動無非法，以此種態度與方式治國，何國而不治！在人設之勢中，與「勢」有關的「術」，也就是與「法」有關的「術」，〔註126〕君王以術擇人，擯除私心好惡，不避親讎，但憑賢愚；知人善任，因材器使，依法來「因任而授官」，〔註127〕「見能於官以授職」〔註128〕所任之人才，才能均得以發揮；君王以術考成，依法來「循名而責實」，〔註129〕手操賞罰二柄，公允的課群臣之能，考績進退，依功罪晉黜，襲節而進，建立良好之官僚體系，〔註130〕在系統內之群臣，兢兢業業，勉力任事，姦佞不肖

〔註123〕〈外儲說右上〉，頁554。
〔註124〕〈外儲說右上〉，頁558。
〔註125〕〈主道〉，頁686。
〔註126〕張純、王曉波：《韓非思想的歷史研究》，頁128。
〔註127〕〈定法〉，頁76。
〔註128〕〈用人〉，頁791。
〔註129〕〈定法〉，頁76。
〔註130〕依法選人，依法考成，只要沒有徇私特例，則徹底實施，系統自然建立。上

則無所容於體系之內。

四、人設之勢與察姦之術的結合：人設之勢的特點已如前述，察姦之術
為韓非術治思想中較為消極之一面，（參見第三章第二節參之一、二）
在防姦諸術之中，許多部分不見容於「法」，但因一時有利於君王，
在無「法」規範節制的自然之勢的運用中，這些不見容於「法」的
術用，也大行於君臣的場域之中。前已強調人設之勢中，與「勢」
有關的「術」乃是與「法」有關的術，反向思考，不見容於「法」
的「術」，自不得（或不應）作為人設之勢中的術用。

為政之道，在於善用勢。在「自然之勢」的運用中，即使賢如堯舜，亦
都有未能善用勢，把「朝至而暮變，暮至而朝變，十日而海內畢矣。」〔註131〕
的事情，身疲心苦，耗時費日的用了整年才解決，更何況一般君王！而人設
之勢的抱法處勢而治，則是一般的中主均能勝任裕如。自然之勢的善用勢，
有待賢的適然，人設之勢的善用勢，則有中主得而有之的必然。

韓非諄諄叮囑君王，「善任勢者國安，不知因其勢者國危。」〔註132〕並
在闡釋君王用一己之耳、目、慮三者之弊以後，忠告人主應善於任勢：

> 先王以三者為不足，故舍己能，而因法數，審賞罰。先王之所守要，
> 故法省而不侵。獨制四海之內，聰智不得用其詐，險躁不得關其佞，
> 姦邪無所依。遠在千里外，不敢易其辭；勢在郎中，不敢蔽善飾非。
> 朝廷群下，直湊單微，不敢相踰越。故治不足，而日有餘，上之任
> 勢使然也。〔註133〕

「善任勢」如何與術相連？人設之勢又如何與察姦之術相連？徐師漢昌以
為，善任勢就是要能夠用術。「用術察姦御臣，使外臣不敢欺，內臣不敢蔽，
確行法治，就是善任勢，也就能鞏固勢。」〔註134〕張純、王曉波也由反面闡
釋此義，謂不知「善任勢」，乃不知以「勢」造「勢」的「人設之勢」，亦即

位者來自基層，升遷之過程中，經歷層層依法考核之體驗，系統內之各分子
皆知法守法，否則即被排除於系統之外。

〔註131〕〈難一〉，頁317。
〔註132〕〈姦劫弒臣〉，頁216、217。
〔註133〕〈有度〉，頁259、260。此處之「險躁不得關其佞」，謂險惡狡猾之人不能進
納其佞巧之言；「郎中」為近侍之官；「直湊單微」，直湊謂大臣歸心聚於君王，
有如車輻歸集於車竿。「單」同「殫」，盡也，全句謂百官盡忠職守，直接為
君王效力。
〔註134〕徐漢昌：《韓非的法學與文學》，頁138。

人主無「術」之義。〔註135〕

　　人設之勢與察姦之術的結合，使君王之用勢有「法」作爲規範制約，不致陷於私心濫用；亦有法作爲倚仗和增援，大大的強化了勢的執行力道。試觀今日公權力（勢）之行使，若有法律作爲後盾（勢與法之結合），則執行少有窒礙，亦無法對執行之合理性質疑。若無法律作爲後盾，僅以行政命令強爲執行，其有損人民權益之處，往往糾紛時起而無法善了，是則人設之勢中的勢與法之結合，其效用可謂大矣，此時再講求執行層面之方法（術），自必事半而功倍。

　　綜觀人設之勢與督責之術的結合及人設之勢與察姦之術的結合，可以明顯的看出法對勢與術的助長作用與制約作用。法爲君所立，勢爲君所用，術（之御臣）爲君所用，則法對勢與術的助長作用，無乃人君之所至盼，而法對勢與術的限制，也應在人君立法之時所權衡計及者。法、術、勢三者密切相依，審愼立法，考量勢與術對法之因變效應，或審愼用勢，考量法與術之因變功能，則無論是以法爲主軸或以勢爲主軸，均能在其中尋求對國君最有利之妥協點。〔註136〕國君應如何立法（立何種法，強調或忽略何種法），俾能在勢用與術用之妥協中求得最大之利益（包含近利遠痛或近痛遠利之考量），或國君如何用勢（方面之把持，強弱之拿捏），使能在法紀與術用之間求得最佳之平衡，宜乎爲國君最切身關注之事。

　　法、術、勢三者，若法已立，在未修正或另立新法之前，法之內容爲固定，在此固定的法之下，不同程度，以各種方式之用術，會使得國君獲得的「勢」亦在不同程度的用術之下，有高低大小的變化，亦即勢之大小，隨用術程度之變化而變化。二個因素（此處指術與勢）之間，其變化彼此連動者，

〔註135〕張純、王曉波：《韓非思想的歷史研究》，頁128。
〔註136〕法術勢三者（尤以法、勢二者），其一有所變革，另一（或另二）即因之而更張變化，其性質類同於數學函數中之自變數與因變數，惟人文科學中之自變因變關係，其模式不易建立（但並非不可能建立，如智慧型機器人即其一例）而已。函數如建立則以數學方式處理，則無論勢與術爲法的函數（寫作：法＝F〔勢與術〕，F乃函數之意）或法與術爲勢的函數（勢＝F〔法與術〕），均能求得其極大值，亦即對國君最有利之點。法、術、勢三者間關係之函數，理論上應可建立，亦即由數理關係之理論，可以證得在不同之立法或不同之用勢中，均能求得對國君最有利之勢、術作用點（勢與術爲法的函數時）或法、術作用點（法與術爲勢的函數時）。筆者由理工而文學，此種觸類旁通之感受，出於自然反應，甚盼能有助於了解法、術、勢三者關係之正向思考。

建立其連動變化之模式（亦即了解其循何種方式變化），即可將其變化之模式用函數表示。術為函數中之自變數（君王掌握情況決定用術之程度，且可任己意而隨時變化），勢為因變數（因術之變化而變化，在不同程度的術用之下，會有不同大小的數值），而法為定常數。對此函數以數學處理（如微分），即有可能獲得函數之因變數在某一區間內之極大值（及/或極小值），亦即可以求得在用術至某一程度時，君王可以獲得最大之勢。用術不足此一程度或超過此一程度，君王獲得之勢反而較小。

肆、法術勢三者之結合

討論法、術、勢三者之結合時，法、術、勢皆以相等之地位及其本身應具有之特質顯現，無所謂之隱性存在問題。依前此分析之論述，韓非言法，自始至終未有類分；言術，則學者將韓非之術論大分為督責之術與察姦之術；言勢，則韓非將勢分為自然之勢與人設之勢。依此種類分，則法、術、勢的邏輯結合關係為：

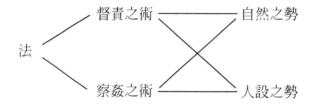

此一邏輯結合圖產生：一、法與督責之術與自然之勢的結合；二、法與督責之術與人設之勢的結合；三、法與察姦之術與自然之勢的結合；四、法與察姦之術與人設之勢的結合，四種結合關係。為免細項分析時，遺漏難以歸項之重要內容，此處先由整體之角度，匯集諸學者之觀點，泛論《韓非子》中法、術、勢三者之結合。

《韓非子》中，有專論法、專論術、專論勢之篇，亦有合論法與術、法與勢之篇，而並論法、術、勢者僅〈八經〉一篇，〔註137〕王靜芝以為，韓非思想中法、術、勢的三者之間，法為重心，法是一切的規矩，而法是由群臣

〔註137〕王靜芝：《韓非思想體系》，頁70。亦有學者認為〈八經〉篇以言術為主，韓非「參驗術」之論述，集中表現在〈八經〉篇中，（見李甦平：《韓非》，頁199、200。）筆者以為〈八經〉篇之各節內容，言術則不脫法，言法則不離術，而「勢」之意涵則隱寓其中。

去執行的；術爲君主所執，以制群臣，君主有術以制臣，群臣才能確實執行「法」；勢是君主所具有的權位，有此權位，才能用術，才能行法，此所以韓非思想中既將法、術、勢分開來論，又將法、術、勢三者連在一起。〔註138〕

法、術、勢之論述，在韓非學說中佔極重要之地位，學者對此均有共識。筆者亦在前章之篇首，闡明政治思想是韓非思想的核心，而法、術、勢是韓非政治思想的基素。惟不論就理論之契合或思想之發用，法、術、勢三者必須結爲一環，相輔相成，相倚爲用，「互相連貫，亦互相藉重，缺一不可，成爲一套，亦即自成一思想體系。」〔註139〕徐師漢昌亦以韓非政治學治法、術、勢之思想於一爐，重勢乃所以鞏固領導中心，增強治國之威權；用術則在潛御臣民，令其守法效功；立法以樹立一國之根本，君臣民上下共守，作爲言行之準則，「三者相輔而又相成，連鎖而又一貫。」〔註140〕並進一步闡釋其相輔相成、相互爲用之意云：「國君因爲有『勢』就能立法、行法；因爲有『勢』就能考核、賞罰；由『勢』而有『法』而有『術』，而『法』和『術』則正是國君鞏固自己『勢』的最好法寶。」〔註141〕

由歷史淵源而論，法治思想淵源最高，尊君思想隨之而起，而勢治之發軔，基於尊君，〔註142〕術治亦與尊君有關，而尤與世卿制度廢棄後之政治需要相應。孕育長養法、術、勢諸觀念之歷史環境，約而言之，即封建天下崩潰過程中之種種社會政治事實而已。〔註143〕韓非爲法家之殿，個人才慧與歷史淵源，乃得對前人之法、術、勢思想融會發明，創成法家思想最完備之系統。

〔註138〕王靜芝：《韓非思想體系》，頁 26、28。
〔註139〕徐文珊：《先秦諸子導讀》，頁 351。王邦雄教授呼應此一觀點云：「雖法、術、勢三者分立，各有其本身之界域與其性能，然三者實合而不可分，合則有補足助長之功，分則有相抗對消之弊。」見王邦雄：《韓非子的哲學》，頁 220。
吳秀英釋法、術、勢連貫之「缺一不可」云：「言治道，法術勢三者，不可一闕，蓋無法則勢落空，流於專斷：無勢則法失威，形同虛文。無勢則術失用，無以自行：無術則勢虛懸，無以自固。無術則法不行，利在權貴：無法則術失根，流爲詭詐。」見吳秀英：《韓非子研議》，頁 112。
〔註140〕徐漢昌：《韓非的法學與文學》，頁 1。
〔註141〕徐漢昌：《先秦諸子》（台北：台灣書局，1997 年 9 月初版），頁 158。張純、王曉波亦強調同樣之觀點，國君要以法和術來達成統治（勢）的目的，國君之所以能任法、任術，即是因爲有勢。法、術、勢乃構成韓非達成君權至上的三個要項。見張純、王曉波：《韓非思想的歷史研究》，頁 100。
〔註142〕此與適前所言由「勢」而有「法」之說似有不同而實無牴牾，蓋一爲思想之發軔，一爲學說方法之建立，而時間上亦相去不遠，固不必相同也。
〔註143〕蕭公權：《中國政治思想史》，頁 231。

人性的好利自爲，使人人皆挾自爲心；人我之利互異，難以統合，而以政治設計與權力運作，則或有可能消解不同個人之利害歧異，實現群體與君國的公利。王邦雄以爲，韓非之政治哲學，乃是以消解與結合人我利異之衝突與君國個人之利的歧異而展開，而法即爲消解與結合此一異利的標準，術爲其推動之方法，勢則爲其支撐之力量。爲求法之必行，必須以勢之操權與術之執運方克爲功，也即是「法之目的性及其理想，必因君勢之嚴，與治術之明，始能實現完成。」〔註144〕

在韓非的政治思想體系中，「術」是將其「法」和「勢」的理論轉爲實際的途徑，有了「術」以後，「法」和「勢」的理論乃由抽象的概念，貫注了實踐的方法。「法」不是先天的產物，雖然天道、自然是立法的原則和準據，但「法」仍必須以「術」立之，已立之「法」，爲使其達到立「法」的目的，也必須以「術」行之，由此可以看出「法」與「術」的密切相關；韓非所主張的「勢」，是與「法」密切結合的人設之勢（參見第三章第三節參），因而與「勢」有關的「術」，也就是與「法」有關的「術」。由統治的目的和觀點來看，「任法」即是國君的統治「術」，「任勢」亦爲統治之「術」。〔註145〕綜而言之，韓非的政治思想乃是以法治國，以勢行法，用術固勢，蓋以「法」爲統治之標準，「勢」爲統治之權力，而「術」爲統治之方法，如鼎之三足，「任法」、「乘勢」、「用術」各居其一，三足俱全，庶幾乎天下可運於掌上。

以上泛言法、術、勢三者相倚爲用、互相藉重之關係後，以下依次析論法、術、勢三者之邏輯結合：

一、法與督責之術與自然之勢的結合：三者之結合並無先後，變換其順位，亦即寫成：

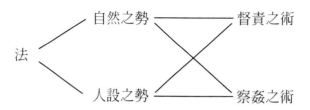

法與自然之勢與督責之術之結合，具有法與督責之術與自然之勢之結合同樣之意義，但可更清晰看出結合之結果：法與自然之勢結合成爲人設之勢，

〔註144〕王邦雄：《韓非子的哲學》，頁115、116及頁223。
〔註145〕張純、王曉波：《韓非思想的歷史研究》，頁127～130。

故法與自然之勢與督責之術之結合，即爲人設之勢與督責之術的結合，其性質、效能之詳細說明，見本節參之三的論述。

二、法與督責之術與人設之勢之結合：同前項之處理方式，此即法與人設之勢與督責之術的結合，因人設之勢乃法與自然之勢的結合，故此項結合可寫爲：法結合法、結合自然之勢、結合督責之術。法結合法仍爲法，此項結合乃立即成爲法與自然之勢與督責之術的結合，又再（同前項）成爲人設之勢與督責之術的結合，其結果乃與前（第一）項雷同。

三、法與察姦之術與自然之勢的結合：改換其順位爲法與自然之勢與察姦之術的結合，在法與自然之勢結合成爲人設之勢的情況下，此項結合乃成爲人設之勢與察姦之術的結合，其性質、效能之詳細說明，見本節參之四的論述。

四、法與察姦之術與人設之勢的結合：改換其順位爲法與人設之勢與察姦之術之結合，分解人設之勢爲法與自然之勢的結合，此項結合可寫成：法結合法、結合自然之勢、結合察姦之術。法結合法仍爲法，此項結合乃立即成爲法與自然之勢與察姦之術的結合，又立即轉爲人設之勢與察姦之術的結合，其結合與前（第三）項雷同。

綜合一、二、三、四之分析，在韓非將「法」與自然之勢融合，建立其獨識且卓越的人設之勢論述後，對於諸學者前賢所公認的韓非集法家法、術、勢思想之大成，冶法、術、勢思想於一爐的定見，筆者在深思之餘，亦產生以下想法：

一、爲韓非融合法、術、勢思想的結果，化生出人設之勢與督責之術的結合以及人設之勢與察姦之術的結合。由另一個角度來看，人設之勢與督責之術的結合以及人設之勢與察姦之術的結合，實亦即韓非對法、術、勢三者「融合」工作的全部。

二、爲在法、術、勢的邏輯結合中，因法與自然之勢相融而爲人設之勢，「自然之勢」一辭已在結合後消失不見，而「法」蘊涵在「人設之勢」中，「法」字亦在結合後隱匿不見。「法期無法」、「刑期無刑」爲法政工作的理想目標，此處且不言「刑期無刑」，但「法期無法」則似乎已在法、術、勢的邏輯結合所化生的型式上出現。

君王治國若是法、術、勢兼用——而非選擇性的有時將「法」排除於個

人的私心之外——則君王之用勢，將受到「法」的一定節制，而爲人所詬病的私術將不復見，蓋人設之勢與察姦之術的結合，一切術用皆在「法」的節制之下，一切的用術皆合於「法」，君王的「勢」不能無限擴張，而國治君安，上下交泰。對君王而言，所得尤勝於所失，因爲法、術、勢的三位一體——人設之勢與督責之術的結合以及人設之勢與察姦之術的結合——正是「維持封建政權、保持社會安定的基本工具。」〔註146〕

第三節　小　結

　　法、術、勢的主導性方面，研析九位學者（法、術、勢各三）之主張並爲之評議後，應可確定王靜芝與王邦雄以法爲主位、以術與勢爲「不可或缺」之輔位的看法，或曰法在韓非政治思想體系中居於通貫上下之中心地位，亦即韓非之政治哲學，乃是以法爲中心的一種法治理論。

　　對於術與勢並非三者中之主導，則以司馬談論六家要旨，將申不害、慎到、商鞅、韓非等稱爲法家而不稱爲術家，其稱名必有所據，劉歆、班固及二千年來史家傳諸子者，代代以法家之名相沿不改，亦必是信而不疑，學者在互有牴牾的《韓非子》原典中，對韓非以「術家」或「法術家」相稱，亦應有凸顯其所見之學術價值。

　　法爲君所立，術爲君所用，勢爲君所有，三者之中可見其行跡者惟有法，君王之治理臣民百姓，乃是以法爲體，以術、勢爲用，而法對於術與勢的發用，具有規範制約的效能。《韓非子》中，言術之文字高於百分之六十，但猶如子法之於母法，施行細則之於規章本文，文字雖多但卻不居主位。

　　君勢並非如學者所言的不受法之制約，法乃國君所自立，並非欲限制君勢之人所立，國君並非立法自限其君勢，而是在權衡諸多因素下，願意承受所立之法對其權勢之制約，以換取更大之利或避免更大之害，法乃國君之助，而非國君之敵。

　　「君勢」並不等同於「君王」，法與術皆帝王之具，或云法與術皆是君王治國之工具，但法與術卻並非「君勢」之工具。君王因爲有勢，才能令行禁止以治國，故「勢」之工具義也甚明，在歸結勢爲法的輔助者之餘，亦歸結

〔註146〕谷方：《韓非與中國文化》，頁85。按：此處之「封建政權」改爲「專制政權」似更切合實情。

法、術、勢皆爲國君治國的「帝王之具」。

　　法與術的結合，可以有法與督責之術的結合及法與察姦之術的結合；法與勢的結合，可以有法與自然之勢的結合及法與人設之勢的結合；術與勢的結合，可以有督責之術結合自然之勢、督責之術結合人設之勢、察姦之術結合自然之勢、察姦之術結合人設之勢。

　　韓非的政治思想，乃是以法治國，以勢行法，用術固勢，法、術、勢三者相倚爲用，互相藉重。韓非集法家法、術、勢思想之大成，治法、術、勢思想於一爐，則以邏輯結合的觀點而言，其結合三者之構圖爲：

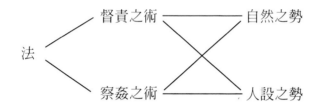

　　依此構圖，則法、術、勢邏輯結合的方式有四：

　　法結合督責之術結合自然之勢、法結合督責之術結合人設之勢、法結合察姦之術結合自然之勢、法結合察姦之術結合人設之勢。

　　由第三章第三節參之分析，法與自然之勢的結合成爲人設之勢。將此一結論套入前述四種法、術、勢的結合方式，則四種「三項基素」的結合方式，立刻約化爲二種「二項基素」的結合結果，亦即前述四種結合方式，實質上只是人設之勢與督責之術的結合以及人設之勢與察姦之術的結合兩種結合方式而已！這兩種結合方式，代表法、術、勢的三位一體，乃是「維持封建（專制）政權、保持社會安定的基本工具。」

第五章　韓非政治思想之析疑

　　對韓非法、術、勢政治思想之探析，爲本論文之主旨，研究動機中預設探索之韓非性惡論，法、術、勢之主軸問題，已在析論中作明白之交代，未了之疑問，本章擬就下述之主題，次第尋求解答：一、焚書阬儒與韓非思想的糾結；二、任法任賢與賢德賢智；三、法對君王之約束；四、政治與道德之分離。以上諸項命題，不僅爲筆者蘊藏在心，亟欲探求其究竟，對韓非思想已有定見或未有定見之初涉者，或亦有推尋其始末之志趣。

第一節　焚書阬儒與韓非思想的糾結

壹、秦之焚書與韓非思想

　　論者有謂秦始皇之焚書阬儒乃韓非思想所造成之影響，[註1]筆者擬在此作較詳盡之探析。焚書之正史記載，見《史記》之〈秦始皇本紀〉及〈李斯列傳〉，爲免個人疏忽斷章取義，茲詳誌兩文之記述此事件者，作爲討論之基礎。

〔註 1〕郭沫若在其〈韓非子的批判〉一文中，有謂：「韓非雖然身死於秦，但他的學說實爲秦所採用，李斯、姚賈、秦始皇、秦二世實際上都是他的高足弟子……焚書阬儒的兩項大德政正好是一對鐵證。」見《郭沫若全集（歷史編2）‧｜批判書》，頁 386。韋政通在其所著《中國思想史》中，亦以韓非爲先秦思想的批判者，經由批判之過程，「除法家傳統外，均一一予以否定，對悠久歷史傳統的否定，是使韓非的思想在秦始皇統一以後，大都得以實現的重要原因，但秦國也因此而速亡。」見韋政通：《中國思想史》，頁 352。

（始皇本紀所記錄者）三十四年……始皇置酒咸陽宮，博士七十人前為壽。僕射周青臣進頌曰：「他時秦地不過千里，賴陛下神靈明聖，平定海內，放逐蠻夷，日月所照，莫不賓服。以諸侯為郡縣，人人自安樂，無戰爭之患，傳之萬世。自上古不及陛下威德。」始皇悅。博士齊人淳于越進曰：「臣聞殷、周之王千餘歲，封子弟功臣，自為枝輔。今陛下有海內，而子弟為匹夫，卒有田常、六卿之臣，無輔拂，何以相救哉？事不師古而能長久者，非所聞也。今青臣又面諛以重陛下之過，非忠臣。」始皇下其議。丞相李斯曰：「五帝不相復，三代不相襲，各以治，非其相反，時變異也。今陛下創大業，建萬世之功，固非愚儒所知。且越言，乃三代之事，何足法也？異時諸侯竝爭，厚招游學。今天下已定，法令出一，百姓當家則力農工，士則學習法令辟禁。今諸生不師今而學古，以非當世，惑亂黔首。丞相斯昧死言，古者天下散亂，莫之能一，是以諸侯竝作，語皆道古以害今，飾虛言以亂實，人善其所私學，以非上上（之）所建立。」今皇帝并有天下，別黑白而定一尊。私學而相與非法教，人聞令下，則各以其學議之，入則心非，出則巷議，夸主以為名，異取以為高，率群下以造謗。如此弗禁，則主勢降乎上，黨與成乎下。禁之便。臣請史官非秦記皆燒之。非博士官所職，天下敢有藏詩、書、百家語者，悉詣守、尉雜燒之。有敢偶語詩書者弃市。以古非今者族。吏見知不舉者與同罪。令下三十日不燒，黥為城旦。所不去者，醫藥、卜筮、種樹之書。若欲有學法令，以吏為師。」制曰：「可。」〔註2〕

（李斯列傳所記錄者）始皇三十四年，置酒咸陽宮。博士僕射周青臣等，頌稱始皇威德。齊人淳于越進諫曰：「臣聞之，殷、周之王千餘歲，封子弟功臣，自為支輔。今陛下有海內，而子弟為匹夫，卒有田常、六卿之患臣，無輔弼，何以相救哉？事不師古而能長久者，非所聞也。今青臣等又面諛以重陛下過，非忠臣也。」始皇下其議丞相。丞相謬其說，絀其辭，乃上書曰：「古者天下散亂，莫能相一，是以諸侯竝作，語皆道古以害今，飾虛言以亂實，人善其所私學，以非上所建立。今陛下并有天下，辨白黑而定一尊。而私學乃相與

〔註 2〕《史記・秦始皇本紀》，頁123～124。

非法教之制，聞令下，即各以其私學議之，入則心非，出則巷議，非主以爲名，異趣以爲高，率群下以造謗。如此不禁，則主勢降乎上，黨與成乎下。禁之便。臣請諸有文學、詩書、百家語者，蠲除去之。令到，滿三十日弗去，黥爲城旦。所不去者，醫藥、卜筮、種樹之書。若有欲學者，以吏爲師。」始皇可其議，收去詩、書、百家之語，以愚百姓，使天下無以古非今。〔註3〕

兩篇之文字雖不同，但內容一致，並讀之，則當時秦始皇置酒咸陽宮，大臣及「博士七十人前爲壽」之場面，彷彿再現。起因緣於酒宴上僕射周青臣之敬頌：頌稱始皇平定海內，放逐蠻夷，制六國諸侯領地爲郡縣，使人民安樂，無患戰爭，帝業當傳萬世之威德。始皇此時方自大悅，博士淳于越趁機進諫，諫請始皇考慮分封子弟功臣爲枝輔。其「事不師古而能長久者，非所聞也。」更使不分封無以久帝業之旨，意在言外。「師古」爲儒家之中心思想，此與秦自商鞅變法強國以來之國家政策相違。或是帝王之器度，或是酒宴之歡慶氣氛下未便當場發作，始皇將淳于越之進言，交丞相李斯論議其可否，其後乃有李斯之奏疏，對淳于越師古之論，大加反駁，並進一步諫請始皇，斷絕民間學古思古之資源（焚毀詩、書、百家語）。

茲將李斯奏疏駁斥淳于越的理由以及所建議採取之方式，條列如下：（併兩篇內容）

一、五帝治國的制度不相重複，三代治國的方法不相沿襲，後之不同於前，並非刻意反古，而是時代進步，世態變化使然。

二、淳于越所言分封子弟功臣的作法，已是久遠以前的三代之事，現今已不足以取法。

三、古時天下散亂，不能統一，才會有諸侯並起爭雄，厚招游學之士；才會有學者道古害今，以虛僞之言辭顛倒事實，模糊眞相，使人稱美他的私學而非議國家建制的事。

四、現天下定於一尊，法令出於主上，不應再有國異政、家殊俗，人造私語，不辨黑白之事發生。

五、時下之私學率皆臧否國家之法制，只要法令一頒布，彼等即以自家的道理來非議法令的合理性，當朝議事，口是心非，私下與人評述，則對法令謗毀叢生。

<hr>

〔註3〕《史記‧李斯列傳》，頁1037。

六、這些私學之士，用非議主上的方式博取自家的名聲，把意趣品味與眾不同引爲高尙，引領其門下徒眾，造謠生事，成爲流行。

七、上述情事如不禁抑，上則君王的權勢威望滑落，下則非難國法的黨羽形成，故以禁絕爲宜。

八、（請准予）除秦國之史書外，其他諸侯國之史書皆燒燬，除博士官可研究及政府館藏的圖書外，天下百姓所收藏的詩、書、諸子百家的著作一律燒毀。凡敢於相對交談詩、書者處死，是古非今者，全家（刑及父母妻子）處死。官吏知情而不舉發，與犯者同罪。令下三十日後，仍不焚毀應焚之書者，處以黥刑（臉上刺字）罰做苦工。醫藥、卜卦、種樹等類書籍，不在焚毀之列。

李斯上奏疏之後，始皇立即准奏，並隨即付諸行動，此一事件是謂焚書。且不言焚書是否毀絕文化思想，〔註4〕且看學者所言焚書與韓非思想之瓜葛：

郭沫若在其〈韓非子的批判〉中有言曰：「韓非雖然身死於秦，但他的學說實爲秦所採用，……秦始皇的作風，沒有一樣不是按照韓非的法術行事的。焚書阬儒的兩項大德政正好是一對鐵證。焚書本出於李斯的擬議，其議辭和

〔註4〕論者有謂秦焚書之後，古書典籍遭受毀滅性之摧殘，如熊十力云：「古時有諸子百家之學，百家者，如天文、算學、音律、醫藥、蠶桑、工程、物理、機械等等，皆科學也。諸子，如儒、道、名、墨、法、農等等，皆哲學也。自秦政毀棄一切，而永不可復。」見熊十力：《韓非子評論》，頁9、10。另派論者以秦廷館藏之圖書及供博士研究之圖書與醫、卜、種術等，皆未在焚燒之列，而影響不大，直至項羽攻入咸陽，縱火焚城，館藏圖書及各學派之著作，方告永久喪失。見柏楊：《中國人史綱》（台北市：遠流圖書出版公司，2003年8月初版四刷），頁314。《劍橋中國史》對此一事件之評述爲：「或許更重要的規定，是允許那些被禁止的《詩經》、《書經》和諸子百家抄本，由博士官保存於學術機構中。……由此可知，此次的焚書對文獻上的損害，不如西元前206年時，咸陽的阿房宮被反叛者（按：項羽）焚毀所造成的損害。」見 Denis Twitchett；Michael Loewe 編，韓復智主譯：《劍橋中國史》第一冊，秦漢篇（台北市：南天書局，1996年1月初版），頁84。《費正清論中國》對此之看法則爲：「秦採法家作風控制歷史，雖曾將各國史書焚毀，只保留秦紀，距焚盡書籍的地步相去尚遠。」見 John King Fairbank（費正清）：《費正清論中國（China—A New History）》（台北市：正中書局，1994年10月第3次印行），頁57。瀧川龜太郎會注考証《史記》，引胡三省之言入註，曰：「秦之焚書，焚天下人所藏之書耳，其博士官所藏則故在。項羽燒秦宮室，始併博士所藏者焚之。此所以後之學者，咎蕭何不能於收秦圖書（按：指政府法令檔案）之日，併收（博士官藏書）之也。」見《史記·秦始皇本紀》，頁124。衡諸兩派之言，則後者近於事實。

令文，不僅精神採自韓非，連字句都有好些是雷同的：〝古者天下散亂，莫能相一，是以諸侯（儒？）竝作，語皆道古以害今，飾虛言以亂實，人善其所私學，以非上所建立。今陛下并有天下，辨白黑而定一尊。而私學而（乃）相與非法教之制，聞令下，則（即）各以其私學議之，入則心非，出則巷議，非主以為名，異趣以為高，率群下以造謗。如此不禁，則主勢降乎上，黨與成乎下。禁之，便。〞這差不多完全是《詭使》、《六反》諸篇的提要。而禁令的八條：〝（一）史書非秦紀，皆燒之。（二）非博士官所職，天下敢有藏《詩》、《書》、百家語者，悉詣守尉雜燒之。（三）有敢偶語《詩》、《書》，棄市。（四）以古非今者，族。（五）吏見知，不舉者，與同罪。（六）令下三十日，不燒，黥為城旦。（七）所不去者，醫藥、卜筮、種樹之書。（八）若欲有學法令，以吏為師。〞除掉第七項之外，不更全部是〝無書簡之文以法為教，無先王之語以吏為師〞（《五蠹》）的擴充嗎！」[註5]

余英時在其〈法家的反智論〉中亦有云：「〝焚書〞政策的實施是韓非的反智論的徹底勝利。李斯的奏議不但在精神上完全忠實於韓非的理論，而且在用詞遣字等細節方面也謹守著韓非的原文。」[註6]

就事論事，始皇採李斯建議而焚書確係事實，李斯奏議之用字遣詞頗多與《韓非子》原文雷同也都可以一比對。始皇焚書，在秦國並非首例，其先祖即已有焚書之記錄。韓非在〈和氏〉篇中有：

> 商君教秦孝公以連什伍，設告坐之過；燔詩書而明法令；塞私門之請，而遂公家之勞；禁游宦之民，而顯耕戰之士，孝公行之，主以尊安，國以富強。[註7]

商君教秦孝公「燔詩書而明法令」，韓非不過記述其所知之實情，[註8]絕未料到在他身死於秦後，始皇循其祖先焚詩書「主以尊安」之後的二千年，學者們尚要把焚詩書的罪愆記到他思想的帳上。詩、書雖是儒家經典，併同焚毀的「百家語」似應與儒家無涉，焚書之後，各博士學者[註9]仍繼續保留其

〔註5〕郭沫若：《郭沫若全集（歷史編2）・十批判書》，頁387。
〔註6〕余英時：〈法家的反智論〉，見傅傑選編：《韓非子二十講》，頁260。
〔註7〕〈和氏〉，頁297。
〔註8〕余英時〈法家的反智論〉文中有：「《韓非子》的〈和氏〉篇曾提到商鞅〝燔詩書而明法令〞，此說雖不見於《史記》或其他先秦典籍，然後世學者多信其為實錄。」見傅傑選編：《韓非子二十講》，頁260。
〔註9〕秦有博士官編制七十餘人，以儒家為多，各博士官又可收弟子，弟子可多至百餘人。漢初著名的儒者叔孫通——秦的博士官——率弟子百餘人投劉邦，

職位，並繼續鼓勵他們研究，〔註 10〕則焚書並非針對儒家，但李斯奏議中之「人聞令下，則各以其學議之」，雖「各」以其學之所指，應非一家，但主要爲儒家或亦不致大誤，韓非曾有「儒以文亂法」及「其學者，則稱先王之道以籍仁義，積容服而飾辯說，以疑當世之法，而貳人主之心。」〔註 11〕應可作爲此一推測之參考。

　　焚書的眞正目的，或係淳于越諫言中的「事不師古而能長久者，非所聞也。」對亟望傳帝業於萬世而又亟不願師古法古的秦始皇是一項冒瀆，而效法古人，更是「對秦王朝那種眼睛只看未來的立國精神挑戰。」〔註 12〕或是「言論思想的自由，與統於一尊的政治不相符合」，故焚書之令「祇在統制言論思想」，〔註 13〕則學者各有見地，但均不涉及韓非（或是轉彎抹角的扯上韓非）〔註 14〕此處祇在辨明其與韓非思想之糾結，故不再作進一步之深入討論。

　　韓非思想細密，觀察入微，行文條理分明，分析事理氣勢逼人，「李斯自以爲不如」，韓非對文章的寫作傾向於重質輕文，但由於前述的這些特質，使韓非「不刻意爲文而文自工，反對文學家而自爲文學家。」〔註 15〕「張居正的〈陳六事書〉及若干書牘雜著，不惟義取韓子，間亦襲用文詞。即使正統儒家如韓愈，思想固然與法家大相徑庭，文字也難免取法韓非，如〈諱變〉即學〈難一〉，〈對禹問〉即學〈難勢〉。」〔註 16〕筆者引兩位學者的觀點，旨

　　　　可爲事證。見李定一：《中華史綱》（台北市：傳記文學出版社，1986 年 8 月初版），頁 105。
〔註 10〕柏楊：《中國人史綱》，頁 314。
〔註 11〕〈五蠹〉，頁 43、58。陳弱水在其〈韓非的法律思想〉中指出：「他（韓非）最厭惡臣民，尤其是知識分子，根據自己的道德標準或知識意見抨擊現行法，……韓非的法律思想徹底否定了除法律與統治者命令而外的一切規範的有效性。」見傅傑選編：《韓非子二十講》，頁 228。蕭公權在其《中國政治思想史·商子與韓子》頁 241，亦有「商韓皆主張以法令爲政治生活中惟一之標準。此外一切私議善言悉在擯棄之列。」
〔註 12〕柏楊：《中國人史綱》，頁 313。
〔註 13〕王元化在其〈韓非論稿〉之結尾處書云：「我同意《通史》所說的：〝秦代的焚〝詩〞、〝書〞，廢古語，和漢代的注〝詩〞、〝書〞，尊經師，其形式雖相反，而實質則相一致，都是把活的自由思想斬絕。〞如果承認這個結論，那麼就應該對韓非的學說引起深思。」見傅傑選編：《韓非子二十講》，頁 186。
〔註 14〕作者不詳（大學用書），蔣致遠發行：《中國通史》（台北市：宗青圖書出版公司，1986 年 10 月初版），頁 282。
〔註 15〕徐漢昌：《韓非子釋要·韓非子書的文學技巧》，頁 11。
〔註 16〕譚家健：〈《韓非子》文章的寫作特點〉，見傅傑選編：《韓非子二十講》，頁 376。

在說明韓非行文之足以取法處，與法家思想尖銳對立的儒家先賢、唐宋八大家之首的韓愈尚且「文字難免取法韓非」，同爲法家顯赫人物，又與韓非同窗且自以爲不如韓非的李斯，其行文中用字遣詞之與韓非多有雷同，也就不足爲怪了。筆者並非欲以此否定郭沫若及余英時對行文用字之細膩體察，但以此爲理由將焚書與韓非掛鉤，則似嫌不夠充分。同爲法家，而韓非又爲法家的集大成者，李斯奏疏上的議辭和令文，其精神採自韓非（或忠於韓非的理論），似乎也是頗爲正常的事。

貳、秦之阬儒與韓非思想

承本節前段郭沫若所指：「秦始皇的作風，沒有一樣不是按照韓非的法術行事的。焚書和阬儒的兩項大德政正好是一對鐵證。」前段討論焚書，雖然找不到牽涉韓非的直接證據，總還能在李斯的奏疏中挑出一些《韓非子》中的文句，可以依學術上的合理想定而自由發揮。此處再言阬儒，遍查記錄阬儒事件之各家歷史版本，均皆引述《史記·秦始皇本紀》，且均係摘錄其中之關鍵部分（或係原文過長）加以闡述，茲爲窺其全貌，特誌此一事件之全文：

> 三十五年……盧生說始皇曰：「臣等求芝奇藥仙者，常弗遇，類物有害之者。方中人主時爲微行，以辟惡鬼，惡鬼辟，眞人至。人主所居而人臣知之，則害於神。眞人者，入水不濡，入火不蒸，陵雲氣，與天地久長。今上治天下，未能恬惔。願上所居宮，毋令人知，然後不死之藥，殆可得也。」於是始皇曰：「吾慕眞人，自謂『眞人』，不稱『朕』。」乃令咸陽之旁二百里內，宮觀二百七十，復道甬道相連，帷帳鐘鼓美人充之，各案署不移徙，行所幸，有言其處者罪死。始皇帝幸梁山宮，從山上見丞相車騎眾，弗善也。中人或告丞相，丞相後損車騎。始皇怒曰：「此中人泄吾語。」案問莫服。當是時，詔捕諸時在旁者，皆殺之。自是後，莫知行之所在。聽事，群臣受決事，悉於咸陽宮。侯生盧生相與謀曰：「始皇爲人，天性剛戾自用，起諸侯，并天下，意得欲從，以爲自古莫及己。專任獄吏，獄吏得親幸。博士雖七十人，特備員弗用。丞相諸大臣皆受成事，倚辨於上。上樂以刑殺爲威，天下畏罪持祿，莫敢盡忠。上不聞過而日驕，下懾伏謾欺以取容。秦法，不得兼方，不驗輒死。然候星氣者至三百人，皆良士，畏忌諱，諛不敢端言其過。天下之事

無小大，皆決於上。上至以衡石量書，日夜有呈，不中呈不得休息，貪於權勢至如此。未可爲求仙藥。」於是乃亡去。始皇聞亡，乃大怒曰：「吾前收天下書，不中用者盡去之，悉召文學方術士甚眾，欲以興太平，方士欲練以求奇藥。今聞韓眾去不報，徐市等費以巨萬計，終不得藥，徒姦利相告日聞。盧生等吾尊賜之甚厚，今乃誹謗我，以重吾不德也。諸生在咸陽者，吾使人廉問，或爲訞言以亂黔首。」於是使御史悉案問諸生，諸生傳相告引乃自除，犯禁者四百六十餘人，皆阮之咸陽，使天下知之以懲後。益發謫徙邊。始皇長子扶蘇諫曰：「天下初定，遠方黔首未集，諸生皆誦法孔子，今上皆重法繩之，臣恐天下不安。唯上察之。」始皇怒，使扶蘇北監蒙恬於上郡。〔註17〕

原文如此，則此一事件起於始皇遭受盧生等方術之士的欺騙與誹謗後所引發之怒火，其義甚明，而諸學者之間，向爲所阬者爲儒或方士術士糾纏不休，〔註18〕此或係受扶蘇諫語中「諸生皆誦法孔子」（按：盧生、侯生亦爲「諸生」）一辭之影響。《史記·儒林列傳》云：「及至秦之季世，焚詩書，阬術士，六藝從此缺焉。」〔註19〕《漢書·儒林傳》云：「及至秦始皇兼天下，燔詩書，殺術士，

〔註17〕《史記·秦始皇本紀》，頁124、125。

〔註18〕以爲所阬的是「儒」之學者，如郭沫若：〈韓非子的批判〉（前已舉）；傅樂成：《中國通史》（台北市：大中國圖書公司，1970年5月增訂三版），頁109。認爲所阬的不是「儒生」之學者，有李定一：《中華史綱》，頁104、105；柏楊：《中國人史綱》，頁314、315。認爲兩者皆有的，有林劍鳴：《秦史稿》（中和市：谷風出版社，1986年12月），其頁508、509註11評此事云：「關於秦始皇所阬的四百六十餘人，是方士還是儒生，歷來有不同的看法。有人認爲，盧生等皆爲方士，秦始皇要殺的也就是欺騙他的那些方士，因此，所阬者是方士，不是儒生。但另一些人認爲：所阬者皆儒生，其根據就是《史記·秦始皇本紀》中記載扶蘇說的話：〝諸生皆誦法孔子，今上皆重法繩之，臣恐天下不安。〞證明秦始皇所阬的乃是〝誦法孔子〞的儒生。筆者以爲：秦始皇對儒生本抱仇視態度，從焚〝詩書〞就可證明。此次又對方士開始反感，所以趁機大加殺戮，四百六十餘人之中，方士儒生可能均有。」而一般史書，少有記述，僅以「焚書阬儒」一語帶過。季雲飛、宗成康等編著之《中國古代史爭鳴錄》（南京市：江蘇教育出版社，1992年4月二版），頁339，引翦伯贊分析焚書阬儒之起因，中有「〝秦始皇召集的文學方術之士的確很多〞，對他們〝很尊重〞。〝博士備顧問，常在左右〞，〝至於方術之士更受到始皇的信任〞……」則翦氏顯然不認爲文學之士與方術之士爲同一類屬。

〔註19〕《史記·儒林列傳》，頁1286。

六學從此絕矣。」〔註20〕並未平息學者間之爭執，有認術士乃儒生，亦有認爲術士絕非儒生。解釋辭義之《辭源》（頁1895）、《辭海》（頁2601）亦不作仲裁，將「儒士」與「方技之士」兩義並陳。筆者不敢在諸學者之前班門弄斧，解釋文字意義，但以邏輯之眼光，審視太史公關鍵句「始皇聞之，乃大怒……悉召文學方術士甚眾，欲以興太平……」，則太史公顯然已將文學之士、方士、術士分開，文學之士與方士、術士，何者爲儒生，何者不爲儒生，則似乎更易分別。韓非云：「儒以文亂法，俠以武亂禁，而人主兼禮之，此所以亂也。」以及「富國以農，距敵恃卒，而貴文學之士，廢敬上畏法之民，而養遊俠私劍之屬。舉行如此，治強不可得也。」〔註21〕校釋頁47註21云：「文學之士謂儒家」。太史公既已將「文學之士」的儒家列於首位，則似乎以後之方士、術士不屬於儒家方較合理。《劍橋中國史》則根本認爲阬儒一事出於杜撰。〔註22〕「焚書阬儒」四字，略識之無的人皆能琅琅上口，但似乎不宜在解說「阬儒」時，把「術士」解作「儒士」，而在以「儒士」自居時，又不願承認自己是「術士」。治學爲人，總以齊一之標準較易令人信服。「焚書阬儒」之始末如此，〔註23〕而阬儒與韓非思想之糾結如何——除郭沫若外，歷史學者似乎在評述此一事件時，從未提及韓非名字——亦應可一目瞭然。

〔註20〕〔漢〕班固撰，唐顏師古注：《漢書》（台北市：宏業書局，1978年8月再版），頁906。

〔註21〕〈五蠹〉，頁43、44。

〔註22〕《劍橋中國史》以標題「西元前212年的阬儒」敘述此事云：「只要冷靜地考察一下這個情節中幾件關聯的事，就可斷定它是杜撰的：如二百七十座宮殿和無數的嬪妃、皇帝的秘室和密閉的通道、從山頂上窺視大臣的舉動、兩位方士間的對話，逐字紀錄；其中有對皇帝的尖銳批評（在秦的歷史記錄中根本不可能收錄）；以及最後皇帝挑選了四百六十多個人將他們處死。除了上述這些模糊不清的敘述之外，還應增加其具體而重要的觀點：當方士在談有關皇帝的事，其中一位稱他爲始皇。這和《史記》的卷6相牴觸。由栗原朋信《秦漢史之研究》（pp.14～24）一書中指出，雖然始皇在西元前221年採用始皇帝這個頭銜，但在其有生之年，此名是他私人所使用的。在他統治期間，其他人所編寫的政論和公文，提到他時是用皇帝的稱呼，從未用始皇帝或始皇。……由此三處可以證明阬儒一事不是史實。」見Denis Twitchett： Michael Loewe編：《劍橋中國史》第一冊，秦漢篇，頁116。

〔註23〕李定一：《中華史綱》，頁105云：「秦始皇並未興仟何文字之獄，也沒有阬儒生，……卜「焚書」之後不到三年便去世，一年後陳勝起兵，天下大亂，故焚書令實際推行不久，且私藏書之罪不重，私人藏書仍多……始皇阬殺術士之後，儒家照樣被任用……足見所謂百家書均「火於秦」，始皇屠殺儒者之說是後世的虛構。焚書阬儒的真相是如此，我們宜尊重事實。」

第二節　任法任賢與賢德賢智之辨

壹、任法治國與任賢治國

　　《韓非子》書中，對「愚誣之學、雜反之行」〔註24〕與「微妙之言」、「貞信之士」〔註25〕攻擊之處甚多，雖非獨毀儒家（墨、陰陽、縱橫等家亦在攻擊之列），但主要目標爲儒家則無庸諱言，其原因是否如熊十力先生所言：「儒者以崇德而事智爲治，與韓非之狂暴極權不兩立，與其獨裁法不並容，此韓非所以念念不忘儒家，而攻之不已也。」〔註26〕則應予以探討。

　　儒家稱美先王（此就韓非之時代而言），多引堯舜，其仁義之道與當時法家之主張相扞格。在學術上爭主流地位，在政治上爭發展抱負之平台（兩者亦密切攸關），故當法家在戰國的特殊時空背景下崛起，其與春秋封建時代以迄戰國專制時代過渡期的主要「顯學」儒家，衝突乃不可免。凡對學術或思想上之臧否，不能憑感性信口開河，必須言之有物，言之有理，方能得人信賴。韓非反儒，其對儒家之學，早已瞭然於胸。〔註27〕儒家之治國，並非無「法」，但「法」與仁、德等儒家基本價值牴牾，法與儒家之學相異時，法居輔而德居主。韓非云：

> 故實有所不至，而理失其量。量之失，非法使然也，法定而任慧也。釋法而任慧，則受事者安得其務？務不與事相得，則法安得無失，而刑安得無煩？是以賞罰擾亂，邦道差誤，信賞之不分白也。〔註28〕

其批評儒家釋法，釋法則必用慧，韓非指陳用慧之失，可謂一針見血。以德化民，乃儒家賢聖者無比之成就，用慧失法，邦道差誤因是而生，或亦爲儒者難掩的心中之痛。

〔註24〕〈顯學〉，頁2。
〔註25〕〈五蠹〉，頁48。
〔註26〕熊十力：《韓非子評論》，頁88。
〔註27〕郭沫若在〈韓非子的批判〉中有云：「韓非對於儒家的理論很有研究是毫無問題的，他所抱的是全面反攻的態度，務必要屠其徒、火其書而後快。……」見《郭沫若全集（歷史編2）·十批判書》，頁365。另林緯毅亦指出，韓非對仁、義、禮等儒家的道德有深切的掌握。見林緯毅：《法儒兼容：韓非子的歷史考察》，頁12。韓非早年受學於大儒荀子，足以奠立其深厚之儒學根基。
〔註28〕〈制分〉，頁834。

　　尙賢任智與否，一直是儒法爭鋒的尖銳點所在。在韓非之前，商鞅已啓其端：

　　　　治國之制，民不得避罪，如且不能以所見遁心。……賢者不能益，

　　　　不肖者不能損。故遺賢去智，治之數也。〔註29〕

捨棄賢人，拋去智慧，一切依法行事，才是治國的方術。韓非對此，更有進一步之發揮：

　　　　有道之主，遠仁義，去智能，服之以法。〔註30〕

儒家、墨家均主張尙賢任智之人治，韓非則以爲人治與任法，冰炭不同爐。仁義智能者，有道之主不用，如若不然，則是「廢常尙賢則亂，舍法任智則危。」〔註31〕幾乎把尙賢任智，視作治國之洪水猛獸，乃國家危亡之道。

　　韓非以尙賢任智則國危邦亂爲由攻訐儒家，除了前述的爭學術思想之主流地位及爭政治上之發展平台外，學者亦另有所見。韓非之政治思想，以法、術、勢爲基素，徐文珊在評析〈難勢〉之「中人『抱法處勢則治』……『廢勢背法而待堯舜，堯舜至乃治，是千世亂而一治。』」時有謂：「（韓非）利用勢與威而行法與術，因而反對賢人政治。」〔註32〕

　　法與術、法與勢之間，存有若干之內部矛盾（見本文第四章第二節），劉家和以爲，韓非之能組合有矛盾的法、術、勢，「將法、術、勢連成一體的因素是〝不上（尙）賢〞。」〔註33〕

　　法爲治國之標準，韓非認定「治國唯法，捨此無他。」而「以法治國，動無非法，此之謂『任法』。」〔註34〕在講求強國之道的戰國之世，韓非以「國無常強無常弱。奉法者強，則國強；奉法者弱，則國弱。」〔註35〕鼓動君王捨人治而行法治。「能去私曲，就公法者，民安而國治；能去私行，行公法者，則兵強而敵弱。」〔註36〕私曲與私行，皆爲人治常見之缺失，即使是聖賢任事，也是難以避免，〔註37〕而聖賢千世而一見，渺不可求，實行法

〔註29〕《商君書・禁使第二十四》，頁87。
〔註30〕〈說疑〉，頁232。
〔註31〕〈忠孝〉，頁819。
〔註32〕徐文珊：《先秦諸子導讀》，頁351。
〔註33〕劉家和：〈韓非子的性惡說〉，引自《韓非子二十講》，頁247。
〔註34〕陳森甫：《韓非之政治思想研究》，頁46。
〔註35〕〈有度〉，頁249。
〔註36〕〈有度〉，頁253。私曲謂一己之私心。
〔註37〕韓非對此多有所舉，如：「釋法術而任心治，堯不能正一國。」（〈用人〉，頁

治，則是：

> 以法治國，舉措而已矣。法不阿貴，繩不撓曲……矯上
> 之失，詰下之邪，治亂決繆，絀羨齊非，一民之軌，莫如法。〔註38〕

任法有如許多之好處，任法又只有實施和禁止（舉措）兩件簡單而易行的事，則任法治國，不行何待！歸根結底，就是要人君者「寄治亂於法術，託是非於賞罰，屬輕重於權衡。」〔註39〕

儒家（以及墨家）之所以爲顯學，有其淵源和不容忽略的理由，自封建社會以迄戰國之世，儒家思想有悠久的歷史和深厚的社會基礎，韓非的任法思想雖說是對儒家仁義德治思想的反動，但在不與任法思想格格不入的前提下，〔註40〕對儒家的學理亦加以容納和利用，至於這是否如學者所指的「主法容儒」思想，〔註41〕則或有可以探討之處。此處所指之「容納和利用」，諸如韓非將儒家之仁義、忠、孝，重新定義，運用於其任法思想中，〔註42〕重新定義之仁義、忠、孝，於儒家原旨，亦不能視爲違忤。

貳、君王的賢德與人臣的賢智

儒家之「尚賢」與法家之「遣賢去智」，不能由字面之意義而視爲絕對衝突，對於兩家「賢」之對象與賢之內涵，也須予以釐清。儒家之賢，仁君、素王、賢相、名哲均包括在內（或加上一「聖」字而稱聖賢），故堯、舜、周

791。）以及「聖人之道，去智與巧，智巧不去，難以爲常。」（〈揚搉〉，頁
699。）「道法萬全，智能多失，……釋規而任巧，釋法而任智，惑亂之道也。」
（〈飾邪〉，頁 209。）

〔註38〕 〈有度〉，頁 262。絀羨齊非謂貶斥貪欲，剪除邪惡。

〔註39〕 〈大體〉，頁 715。

〔註40〕 蔡英文以爲，韓非基本上並未全然否定儒家之道德價值與一般人民的道德
觀，因此等價值發自人性，並非純靠理智之反省或批判所能否定。韓非祇肯
斷「欲求國家的安全、秩序與富強這一基本價值是跟儒家的『道德價值』與
一般人民的『道德觀』是『不相容之事，不兩立也』。」見蔡英文：《韓非的
法治思想及其歷史意義》，頁 33。

〔註41〕 林緯毅：《法儒兼容：韓非子的歷史考察》（台北市：文津出版社，2004 年 11
月一刷），頁 7。按：此書爲作者之博士論文《韓非子法儒兼容思想的歷史考
察》刪減、重組而成。

〔註42〕 《韓非子‧難一》「或曰：桓公不知仁義。夫仁義者，憂天下之害，趨一國之
患，不避卑辱，故謂之仁義。」（〈難一〉，頁 325。）以及《韓非子‧忠孝》
「父之所以欲有賢子者，家貧則富之，父苦則樂之。君之所以欲有賢臣者，
國亂則治之，君卑則尊之。」（〈忠孝〉，頁 820。）

公、管仲、晏子、孔、孟均常爲儒家所引（其中亦有儒法皆引爲己方之代表人物者），〔註43〕「儒家之『賢』，以德爲主而才爲輔，二者兼備，方可謂之曰『賢』。」〔註44〕人治須要賢，而人治之最高代表人物爲君王，韓非之反「尚賢」，主要乃反對要求君王之賢，〔註45〕而並不反對（甚至是贊同）「智術之士」的臣子之賢。韓非在〈難勢〉篇「賢勢之不相容」中，所舉之「治者」堯、舜、桀紂皆爲君王，而其所設計的「人設之勢」的操持者也皆是中等才智的君王：「世之治者，不絕於中，吾所以爲言勢者，中也。」〔註46〕中等才智的君王，談不上賢智，若是主張治國必須賢智之君，乃是與當時之君王世襲公然唱反調，其不容於當世，應屬必然。儒家雖然有聖賢在上，暴君放伐之言，但亦從未提出（在君主專制時代亦不敢提出）推翻君王世襲之論。尤有甚者，韓非之非賢與反賢智，「乃反對以德爲主的（君王的）賢」〔註47〕不仁者當必無德，能以法、術、勢爲治，君可以不仁：「君不仁、臣不忠，則可以霸王矣。」〔註48〕「君通於不仁，臣通於不忠，則可以王矣。」〔註49〕此與儒家之「不以仁政不能平治天下」〔註50〕與「夫國君好仁，天下無敵。今也欲無敵於天下而不以仁，是猶執熱而不以濯也。」〔註51〕乃是公然的決絕，其攻訐儒家之意至明。

對於是否要求臣子有賢，《韓非子》不同之篇章中，似有矛盾處。其反對臣子有賢者，韓非云：「人主有二患：任賢，則臣將乘於賢，以劫其君；妄舉，則事沮不勝。」〔註52〕對比「君人者，無逆賢而已，……且官職所以任賢也。」〔註53〕以及「明君不自舉臣，臣相進也……論之於任，試之於事，課之於功，

〔註43〕 熊十力：《韓非子評論》，頁97。有云：「管晏原本儒家」。而法家法、術、勢之立論，也均將管仲之言置於前列。見本文第三章一、三節之「歷史上的演變與發展」。

〔註44〕 徐漢昌：《韓非子釋要》，頁111。

〔註45〕 韓非主張「專制」而尊君，但爲國君者，未必皆智，也未必盡賢，故不能以賢智要求國君。見張純、王曉波：《韓非思想的歷史研究》，頁135。

〔註46〕 〈難勢〉，頁70。

〔註47〕 徐漢昌：《韓非子釋要》，頁111。儒家之賢，德重於才。

〔註48〕 〈六反〉，頁92。

〔註49〕 〈外儲說右下〉，頁589。

〔註50〕 《孟子・離婁章句上》，見《四書集解》，頁512。

〔註51〕 同前註，頁521。

〔註52〕 〈二柄〉，頁183。

〔註53〕 〈難二〉，頁338。

故群臣公正而無私，不隱賢，不進不肖，然則人主奚勞於選賢？」〔註54〕則任臣以賢與不任賢臣，將以何者爲是？任賢智而臣乘其賢智以劫其君者，在戰國之世屢見，但此處之賢智乃是私行之賢與私術之智，藉君王所任之地位，以私行之賢與私術之智收攬人心，提昇聲望，待羽翼豐足，「重人」之勢已成，則往往在機會來臨時（或運機造勢，製造機會）取國君之位而代之，此一情況爲韓非論術治時所極力提醒國君加以防阻，韓非對其所謂賢臣，有其定義，不同於儒家之賢，猶自然之勢外，另以人設之勢的內涵論勢。〈八經〉、〈八說〉及內、外儲說諸篇均有論述，故韓非所要求之賢智，絕非此等賢智。韓非要國君舉用之賢智，乃是「公正而無私」的賢與「智術之士」的智：「知術之士，必遠見而明察……能法之士必強毅而勁直。」〔註55〕兩者均能「聽用，且燭重人之情」〔註56〕均「不從於重人」，且「賢士者修廉，而羞與姦臣爲伍。」〔註57〕此種賢智才是韓非所稱道的賢智。這種人絕對服從國君，幫助國君行法，使「上明主法，下困姦臣。」〔註58〕成全尊主安國的法術之治：

> 賢者之爲人臣，北面委質，無有二心。朝廷不敢辭賤，軍旅不敢辭
> 難，順上之爲，從主之法，虛心以待令，而無是非也。〔註59〕

戰國時代，專制體制已成，而封建之制的影響尚未全滅，所謂賢智的「重人」，多因封建所遺留之承襲而產生，韓非心許「公正而無私」的賢與「智術之士」的智而反對私行之賢和私術之智，其實也即是心許專制之賢智而反對封建之賢智。〔註60〕儒家主張法古，對親親仁民的宗法封建有著嚮往與期許，法家主張變古，對君權專制予以強力的擁護，儒、法兩家在君王賢德與人臣賢智方面的歧見，不過是兩種激盪思想所表現的一端而已。

第三節　法對君王約束性之解疑

勢爲君王所有，（御臣之）術爲君王所用，所用所有，全發自君王，亦指向君王，論者對此，並無疑義。法爲君王所立，用以治臣，亦用以治民，臣、

〔註54〕〈難三〉，頁353。
〔註55〕〈孤憤〉，頁281。
〔註56〕〈孤憤〉，頁282。
〔註57〕〈孤憤〉，頁290。
〔註58〕〈姦劫弒臣〉，頁216。
〔註59〕〈有度〉，頁256。無是非謂對君王之命令沒有任何褒貶。
〔註60〕張純、王曉波：《韓非思想的歷史研究》，頁136。

民均須在法的絕對約束之下。但君王立法，其約束範圍是否及於自身，則「法」上並無明確之記載（並無那位君王將事關本人應否受法制約的文字列入法條），此一「模糊」空間——運作上則絕不模糊，蓋二千餘年來，君王皆在法的約束之外——造成了專制與法治之分野。〔註61〕

壹、國君之守法與法治

　　君王以法家之法、術、勢思想綱領治理國政，是爲任法，而以「法」爲最高之權威，不容任何人（包括君王）違反，則此「法」之治政方爲法治，以此爲標準，則中國在 1911 年推翻帝制之前，並未嘗有眞正之法治。純就字面意義，任法與法治殆有相似之處，即使力學功深之學者亦難免混淆。〔註62〕（本文前此所引、所述法家之「法治」實多「任法」之意。）

　　由法治之觀點看「任法」之專制政體，就「法」之約束面而言，差別似乎只在君王一人，以一國的千萬人之眾，僅有一人之差別，則幾乎可以視爲毫無差別。〔註63〕但專制政體之君王，在「朕即國家」的自我認知與無限權勢之下，此一人之差別，可以小至幾無差別，亦可以大至難以估量之差別。中國歷史上，並非沒有十分尊重法（自身願受法之約束）的君王，但此種尊重，並非出於「法」的強制性。〔註64〕近世之憲政乃法治最高之表現，但此乃時間與智慧以及歷史上因緣（按：此指西方之民主憲政）演進之結果，吾人固不能以今日民主憲政之法治標準臧否中國君王專制時代的任法之治，但

〔註61〕 法治與專制之別，法治乃爲法本位思想，以法律爲最高之威權，君、臣、民之所共守；專制爲君本位思想，以君主爲最高之威權，對君王並無約束的力量，君王可由自身之意志變更法律。見蕭公權：《中國政治思想史》，頁 269、270。

〔註62〕 梁啓超在其《先秦政治思想史》第十三章中，認爲法家思想爲「法治主義」，第十四章又以「勢治」爲「專制」，「術治」爲「人治主義之一種」，皆與法治之意義不符。蕭公權認爲梁啓超已將「任法」與「法治」之意義相混。見蕭公權：《中國政治思想史》，頁 283，註 40。

〔註63〕 王曉波認爲：法的精神在於平等和無私，韓非「任法」思想下的平等和無私，乃是「一人之下萬人平等或一人爲私萬民爲公的平等和無私。」見項維新、劉福增主編：《中國哲學思想論集》（台北市：牧童出版社，1976 年 10 月初版），頁 370。引文出自王曉波〈「法」在韓非思想中的意義〉篇。

〔註64〕 蕭公權以爲專制乃君本位之思想，法不能越君意而有效，「縱使君能守其自定之法，此亦出於君意之自由，非法律本身具有約束之力量。」見蕭公權：《中國政治思想史》，頁 270。

以之檢視法對君王之約束，則似乎有一定之標準作用。

法為國君所立，國君應守法。《管子‧任法》有：

> 聖君亦明其法而固守之，群乃修通輯轕以事其主，百姓輯睦聽令道
> 法以從其事。故曰：有古法，有守法，有法於法。夫古法者，君也；
> 守法者，臣也；法於法者，民也，君臣上下貴賤者從法，此謂為大
> 治。〔註65〕

聖明的國君本身要明白法度，而堅持固守，君臣上下，貴者賤者，一定要依
法行事。此為首先以明文寫出國君「應」守法者。《商君書‧修權》亦有：

> 國之所以治者三：一曰法，二曰信，三曰權。法者，君臣之所共操
> 也；信者，君臣之所共立也；權者，君之所獨制也。人主失守，則
> 危；君臣釋法任私，必亂。〔註66〕

明言法是君臣所須共同遵守的，而君王（及臣下）廢棄法令、不守法令，任
憑私意而行，必生禍亂。君王之守法，仍停留在「須」守法的階段，此與管
子的應守法，語意上無太大之區別，對於君王之守法，不能也無法強制。所
不同者，一正面鼓舞，一反面警示。管子謂君臣上下貴賤者從法為大治，商
君則以君臣釋法、不遵守法令而用私意，則必有禍亂發生。對法家思想總其
成的韓非，在君王應否受法之約束上，則有：

> 人主雖使人，必以度量準之，以形名參之。事遇於法則行，不遇於
> 法則止；功當其言則賞，不當則誅，以形名收臣，以度量準下，此
> 不可釋也。〔註67〕

明告君王，凡事依法，此即以法約束君王的意圖或行為。

近代學者亦多由韓非論述法之旨意中，理出韓非欲以法限縮君勢，將君
王納入法的規範之中的寓意：王靜芝以為，韓非認為君是必有君德的，此君
德並非儒家的仁義，而是法家的明智。韓非在安危篇所說的安國七法，〔註68〕
每一種都屬於明辨是非，極用理智，而合於自然之理的。君王要有守公法，

〔註65〕 戴望：《管子校正》（台北市：世界書局，1981年5月四版），頁256。古法、
謂制訂法度。
〔註66〕 《商君書‧修權篇》。
〔註67〕 〈難二〉，頁338。
〔註68〕 即：「安術有七，危道有六。安術：一曰賞罰隨是非，二曰禍福隨善惡，三曰
死生隨法度，四曰有賢不肖而無愛惡，五曰有愚智而無非譽，六曰有尺寸而
無意度，七曰有信而無詐。」〈安危〉，頁808。

合天理的智慧和操守。韓非在〈十過〉篇，提出十種不可犯的條件；〔註 69〕在〈三守〉篇，言人主要有三守，〔註 70〕三守完則國安身榮，三守不完則國危身殆；在〈南面〉篇，謂人主必須明法，不得釋法而不禁，不可誘於事，不可壅於言。因堯舜之不可多得，韓非祇好求「中主」能「守法術」而成為（具有法家明智的）明主。〔註 71〕《韓非子》諸篇中的「人主使人臣雖有智能，不得背法而專制。」、〔註 72〕「明主使法擇人，不自舉也；使法量功，不自度也。」、〔註 73〕「人主者，守法責成以立功者也。」、〔註 74〕「明主之道，必明公私之分，明法制，去私恩。」，〔註 75〕都表明人主亦在公正而平等的法的規範之中。〔註 76〕徐師漢昌在其《韓非的法學與文學》中亦曾明言，法要求立公去私，臣之所師，亦當為君之所守，想要大臣奉法於下，必要國君奉法於上方可。〔註 77〕張純、王曉波以為，國君為鞏固其統治的地位，不能不制定一套防範任何人得以動搖其權力的「法」，法之所以能達成統治目的，創制之時固當「必因人情」，創制之後即當「君臣上下貴賤皆從法」，這也就是「以道為常，以法為本」。〔註 78〕

　　以上所言，都是韓非認為國君應受法之約束的明證。但法為君王所立，君王不明定本身應受約束，韓非言者諄諄，當如此，當如彼，不可如此，不可如彼……而君王聽者藐藐，其又能奈何？「管子深知『法之不行，自上犯之。』」，〔註 79〕蕭公權頗以管仲未立制君之法為憾。因此而管仲之學與歐洲之法治思想尚有可觀之距離。〔註 80〕以法治國而法不及身，只是任法而非法

〔註 69〕十過即行小忠、顧小利、行僻自用、好五音、貪愎喜利、耽於女樂，離內遠遊、不聽忠臣、內不量力、國小無禮。
〔註 70〕三守即毋漏言、毋聽毀譽，毋移柄。
〔註 71〕王靜芝：《韓非思想體系》，頁 33、34。
〔註 72〕〈南面〉，頁 126。
〔註 73〕〈有度〉，頁 253。
〔註 74〕〈外儲說右下〉，頁 590。
〔註 75〕〈飾邪〉，頁 211。
〔註 76〕王邦雄：《韓非子的哲學》，頁 155。
〔註 77〕徐漢昌：《韓非的法學與文學》，頁 82。
〔註 78〕張純、王曉波：《韓非思想的歷史研究》，頁 109、111。
〔註 79〕蕭公權：《中國政治思想史》，頁 241。按：「法之不行，自上犯之。」語出商鞅，見《史記・商君列傳》，頁 893。蕭氏所引或有誤。以下將「管仲」改為「商鞅」，庶幾乎可。
〔註 80〕同前註。

治。以此爲標準，則秦始皇之「事皆決於法」〔註81〕宜乎爲任法最佳之寫照。徐師漢昌論國君之能否守法，以爲「國家眞正的法治，就是國君自己先絕對的守法。」〔註82〕更可作爲此一論點之結論。

貳、君王之地位與法之地位

　　君王（或統治者）之地位，對比於法之地位，中西古今，並非恆常不變。法治國家之先進英國，在1215年諸侯貴族脅迫約翰王簽訂大憲章之前，王權尚凌駕法律之上，及簽定大憲章之後，法權日趨確定，而王權日受限縮，終於成爲世界民治國家之先進，而法治亦因民治而有所確立，民治更因法治而更趨強固。中國古無法治，春秋以前之宗法社會，君臣之關係以禮相維繫，尚與法治之形式相貌似。春秋時變禮爲法，而當時之貴族及國君之權臣，或昏愚縱恣，或侵君奪位，不論用禮或用法，其尊君之要求大於對君之限制，演進之結果，尊之愈隆而限之愈少，任法思想乃轉爲純粹之專制思想。〔註83〕專制思想伴隨下之帝王專制制度，相仍二千年，少有波折，直至清末受西洋勢力之侵凌，有志之士亟思變法，才由行憲之激盪以至於辛亥革命，廢除專制帝制，法治才得以建立。民主憲政（或君主立憲）之國家，乃法治之國家，法之地位高於統治者（或君王）之地位，統治者或君王在法的強制約束之下；專制之國家，統治者或君王之地位高於法之地位，故其本身不受法之約束。

　　「任法」與「法治」，雖然形式上的限制對象，僅有國君（統治者）一人的差別，但在「法」是否能貫徹實施，是否能「動無非法」則是關鍵。對君王的尊重與對君王的約束，本身存有矛盾，韓非雖以各種方式，亟言君王宜在、應在法的約束之下，但在絕對尊君的大前提之下，這些約束的意義則是在逐步的消失。法家要以「法」來取代「禮」，但「法」比「禮」更鞏固了君權統治，「韓非的『法』理論其實即爲君權理論的基礎，也是一套『專制』『獨制』的學說」，〔註84〕「經過申不害、韓非的理論，君完全不受法律的限制，成了黑暗的秘窟，……因此形成君主專制。」〔註85〕

〔註81〕《史記·秦始皇本紀》，頁117。
〔註82〕徐漢昌：《韓非的法學與文學》，頁178、179。
〔註83〕蕭公權：《中國政治思想史》，頁220（註74）、頁283（註39）。
〔註84〕張純、王曉波：《韓非思想的歷史研究》，頁108、110。
〔註85〕牟宗三：《中國哲學十九講》（上海市：上海古籍出版社，1997年12月〔2007年7月重印〕），頁175。

　　君王擁有無上的權勢治國理政,「朕即國家」;君王可以由己意創制法律,「朕即法律」。君王是不同於臣民的「聖人」,韓非云:

> 道不同於萬物,德不同於陰陽,繩不同於出入,和不同於燥濕,君
> 不同於群臣。凡此六者,道之出也。〔註86〕

此言示君臣之不同道,君主超越於一般的道德,乃至法律的規範之上。〔註87〕
周策縱在其〈韓非本〝為韓〞及其思想特質〉一文中,引當代美國思想家 J. G.
A. Pocock 所著《Politics, Language, and Time》(政治、語言與時間)書中之語
云:「韓非思想體系中的官吏和人民在法律面前可說相當平等,取消了特權階
級,可是君主還是法律之源,也在法律之上。」〔註88〕蕭公權在其《中國政
治思想史・商子與韓子》中,更明言:「商韓言法,則人君之地位超出法上,
其本身之守法與否不復成為問題。」〔註89〕君王之地位凌駕法律,其本身之
無須受法律限制,當然已不是問題。

第四節　政治與道德分離之探源

壹、韓非之政治思想與道德

　　政治不可能離法,儒家與法家在立法用法上,許多觀點針鋒相對,道德
是否應融於政治之中,亦為其尖銳衝突點。政治與道德結合,為儒家政治思
想特徵之一,〔註90〕而集法家思想大成的韓非,眾學者在考究其政治思想時,
亦絕多認為其特徵乃政治(法律)與道德分離:〔註91〕蕭公權在討論商鞅、
韓非之勢治(亦政治的主幹之一)時,有「韓非論勢,乃劃道德於政治領域
之外,而建立含有近代意味純政治之政治哲學。」以及「韓非不僅摒道德於

〔註86〕〈揚搉〉,頁 701。六者謂道生萬物、德成陰陽、衡知輕重、繩正出入、和均
燥濕、君制群臣。

〔註87〕王德昭:〈馬基雅弗里與韓非思想的異同〉,見傅傑選編:《韓非子二十講》,
頁 362。

〔註88〕見傅傑選編:《韓非子二十講》,頁 191。

〔註89〕蕭公權:《中國政治思想史》,頁 241。

〔註90〕蕭公權亦有「儒家混道德與政治為一談,不脫古代思想之色彩」之說,見《中
國政治思想史》,頁 234。儒家之政治思想,因具有此一特徵,以致於較為重
視心性道德之說,對實際具體之政治主張反而簡略。

〔註91〕林緯毅之《法儒兼容:韓非子的歷史考察》所述,為少有之例外。

政治範圍之外，且認為私人道德與政治需要根本上互不相容。」〔註92〕韋政通認為：「建立政治的獨立領域（把非政治的排除在外），奠定中國政治哲學基礎的，惟有法家的韓非。」〔註93〕周策縱認為，韓非將政治和道德倫理分開，在中國政治思想史上，可以與較其晚一千七百餘年的馬克維利（Machiavelli）和霍布斯（Thomas Hobbes）相比擬，足以稱為建立近代政治學的先行者。〔註94〕蔡英文亦有「韓非對『政治』的看法就是：所謂的『政治』即是以目的來證成手段的一種統治的藝術，其間並不涉及任何道德規範。」〔註95〕四位學者之言，胥為其研究韓非政治思想之一項結論，但皆未細言何以會獲致此一大致相同之結論。筆者之探索，則在尋求獲致此一結論的充分論據，以及是否尚有其他推衍之可能性。

　　韓非政治思想的立論基礎是人性的好利自為，政治思想所論及之三大主幹為法、術、勢，茲分別由《韓非子》有關上述四項之論述中，尋求其分離道德與政治之論據。

　　　　上古競於道德，中世逐於智謀，當今爭於氣力。〔註96〕

韓非生處戰國爭於氣力的時代，攻戰頻仍，一切講求實力，國家存亡，唯力是賴，以「事異則備變」〔註97〕的原則衡量，道德早已不能適應務法圖強的政治要求，而尤其不能容許道德成為以法治國之窒礙，把道德劃於治國的政治領域之外，此語已極明顯。

　　　　夫嚴家無悍虜，而慈母有敗子，吾以此知威勢之可以禁暴，而德厚
　　　　之不足以止亂也。夫聖人之治國，不恃人之為吾善也，而用其不得
　　　　為非也。恃人之為吾善也，境內不什數；用人不得為非，一國可使
　　　　齊。為治者用眾而舍寡，故不務德而務法。……故有術之君，不隨
　　　　適然之善，而行必然之道。〔註98〕

〔註92〕蕭公權：《中國政治思想史》，頁234。

〔註93〕韋政通：《先秦七大哲學家・韓非子》（台北市：牧童出版社，1979年11月4版），頁195。

〔註94〕周策縱：〈韓非本〝為韓〞及其思想特質〉《韓非子二十講》，頁187。

〔註95〕蔡英文：《韓非的法治思想及其歷史意義》，頁26。此語與牟宗三評析管仲時，謂「政治與道德理想不屬於同一層次」（見《中國哲學十九講》，頁151），異曲而同工。

〔註96〕〈五蠹〉，頁33。

〔註97〕同前註。

〔註98〕〈顯學〉，頁16。

為治者用眾而舍寡，謂針對多數之庶眾，使其不得為非，不必依賴少數的為吾而善之人。德厚不足以止亂，以法治國而捨棄道德——並未云兼用道德——則其與道德之劃清界線，已意在言外。道德之善，在韓非之意，只存於少數人，恃人之為善，只能適然（偶然）有效，況乎當時天下之滔滔亂勢，已絕非「德厚」之可以遏止，而威勢可以禁暴，用法可使一國之人不得為非，不務德而務法，實為「聖人」、「有術之君」等「為治者」當然的選擇。儒家主張以德治國，但儒家並非不用法，但面臨「法」與「仁」、「孝」、「義」……等之道德（儒家之基本價值）相衝突時，在不能兩全的情況之下，唯有以「心治」取捨，而取捨的結果，往往是捨「法」而用「德」，法之不能貫徹於儒者之治中，其故在此。韓非舉悍虜、敗子、為善、為非、禁暴、止亂、適然、必然諸說，不過是為其摒道德於政治領域之外建立說理的論據。

堯舜被儒家懸為德治的典型，韓非云：

> 釋法術而任心治，堯不能正一國。〔註99〕
> 廢勢背法而待堯、舜，堯、舜至乃治，是千世亂而一治也。〔註100〕

皆云心治道德之有窮，而法、術、勢之不能忽視，捨道德而用法、術、勢，其義至明，其不將道德與法、術、勢并用，也應無疑義，此可視為韓非分離政治與道德的語證。

> 今世皆曰尊主安國者必以仁義智能，而不知卑主危國者之必以仁義智能也。故有道之主，遠仁義，去智能，服之以法，是以譽廣而名威，民治而國安，知用民之法也。〔註101〕

以仁義智能治國與以法治國，其可能造成之結果，相去有如天壤。韓非忠諫「有道之主」知所取捨，一取一捨，道德與法、術、勢的政治之間，乃相離日遠。

> 法之為道，前苦而長利；仁之為道，偷樂而後窮。聖人權其輕重，出其大利，故用法之相忍，而棄仁之相憐也。〔註102〕

分析比較利弊苦樂，要「聖人」用法而棄仁，蓋韓非以為「法」與「仁」的質性，有如矛與盾之彼此不相容，以法治國，則必須捨棄仁義，此又為韓非

〔註99〕〈用人〉，頁791。
〔註100〕〈勢難〉，頁70。
〔註101〕〈說疑〉，頁231、232。
〔註102〕〈六反〉，頁95、96。

分離政治與道德之一例。

> 明主之治國也，眾其守而重其罪，使民以法禁而不以廉止。〔註103〕

> 明主之道，一法而不求智，固術而不慕信。〔註104〕

完全是「寄治亂於法術，托是非於賞罰，屬輕重於權衡。」〔註105〕將廉恥、信義等道德規範的價值逐出治國之道的範圍之外，使政治與道德截然分離。

《韓非子》中，談法、術、勢之為治而根本不及於道德仁義處者，可說俯拾即是，此處所舉，不過其明言（或言外之意已極明顯）道德與法、術、勢的政治之間有極大之鴻溝，不可將不合（戰國之世的）時宜的「愚誣之學」〔註106〕的價值觀用於治道，而必須將之分離而已。

貳、對韓非分離政治與道德之分析

政治為眾人之事的管理，道德為眾人的生活規範，所涉及之主體均為人。以法治國，針對的臣下庶民是人，以德治國，所針對之對象亦是人，法家與儒家之所以在政治（法律）與道德的分合上作不同之選擇，或亦在尋求處理人涉問題的最佳方式。「法」乃最底線之道德，道德有時有絕對之標準，有時因時空不同而稍具彈性，「法」則在既定之後，未修訂之前，其標準始終為絕對。儒家將政治與道德結合，韓非倡言政治與道德分離，是否完全結合或完全分離，容後討論，此處筆者先預設完全結合與完全分離可能出現之情況：

政治與道德之完全結合，亦即政治與道德之合一，如是，則一切政治行為皆須合於道德，凡與道德規範有牴牾者，即令有利國計民生（甚焉者國家存亡）亦不得為政治上之舉措；所有的道德德目，均具政治性質，道德以外的其他規範，失去存在之空間，政治以外之其他活動，亦無存在之餘地。〔註107〕

政治與道德之完全分離，則政治歸政治，道德歸道德，兩者絕不相涉。道德規範無需考量現實之政治狀況，道德德目，可在無限的空間自由建構，其至真至善無庸置疑，其是否流於虛幻之空中樓閣，或亦無法避免。政治舉

〔註103〕〈六反〉，頁94。

〔註104〕〈五蠹〉，頁48。

〔註105〕〈大體〉，頁715。

〔註106〕〈顯學〉，頁2。愚誣之學指儒家之學，韓非在同頁曾有「明據先王，必定堯、舜者，非愚則誣也。」之語，又於頁8有「言先王之仁義，無益於治」作為仁義在治道上並無價值的補充。

〔註107〕陳伯鏗：〈論韓非之人性觀及其政治思想〉，頁110、111。

措，亦可無視道德規範之存在，[註108] 而在無限的空間自由揮灑，效益與成果，自是立而可待，其流於極權暴虐，亦是必然之結果。

　　考量上述二種情況，則儒家之德治思想，並非政治與道德之完全結合，韓非之「法治」思想，亦非政治與道德之完全分離，而係各在其合與分的場域之中尋求適宜之定位，而韓非之政治思想，更接近政治與道德之完全分離而已。

　　謂韓非的政治思想「接近」與道德之完全分離，實寓有並未完全與道德分離之意。楊樹藩解說本文前此所引之「為治者用眾而舍寡，故不務德而務法。」謂韓非所說的「不務德」，並不是不要德，而是告訴君王雖施德而不靠德。[註109] 用眾而「舍寡」，捨棄道德與不依靠道德之間，已由否定轉至不完全否定，而「不依靠道德」未必不為韓非之原意。韓非認為道德的力量可以輔佐法制的實行，其「譽輔其賞，毀隨其罰」[註110] 即是用道德上的毀譽增強法制的效果，同時將儒者之道德德目重新定義，運用於其「法治」思想。[註111] 如難一篇：

> 齊桓公時，有處士曰小臣稷，桓公三往而弗得見。桓公曰：「吾聞布
> 衣之士，不輕爵祿，無以易萬乘之主；萬乘之主，不好仁義，亦無
> 以下布衣之士。」於是五往，乃得見之。
>
> 或曰：桓公不知仁義。夫仁義者，憂天下之害，趨一國之患，不避
> 卑辱，謂之仁義。[註112]

儒家談仁談義或仁義並用之語極多，然少有為之定義者，[註113] 其中近乎定

〔註108〕鄭良樹在其《韓非之著述及思想》的結論中認為，韓非以人性中絕對自利的獸性建立法律的底線，乃不得不然的一種形勢，蓋法律講求的是事情的真相，善惡的道德判斷應該撇在一邊。見原書 565 頁。

〔註109〕楊樹藩：〈韓非〉，《中國歷代思想家》第 2 冊，頁 748。

〔註110〕〈五蠹〉，頁 40。

〔註111〕林緯毅：《法儒兼容：韓非子的歷史考察》，頁 49。

〔註112〕〈難一〉，頁 325。

〔註113〕遍查四書索引，論語言及「仁」者凡 93 條，近乎定義者有二：「克己復禮為仁」、「剛毅木訥近仁」；孟子言及「仁」字者有 147 條，近乎定義者有四：「為大卜得人者謂之仁」、「惻隱之心仁也」、「親親仁也」、「仁也者人也」；學庸言及「仁」字者有 15 條，近乎定義者一條：「力行近乎仁」。論語言及「義」字者 24 條，近乎定義者一條：「信近於義」；孟子言及「義」字者 101 條，近乎定義者六條：「羞惡之心，義之端也」、「義、人之正路也」、「夫義、路也」、「謂理也、義也」、「義，人路也」、「敬長，義也」；學庸言及義者 5 條，近乎定義

義者亦多與韓非之定義不類，但韓非賦予仁義之新義，亦不悖於事理，祇能視其與儒家的道德之意分而不離而已。

　　道德有其深入人心的傳統價值觀，道德與政治結合，則政治行為所造成之影響，究竟是出自政治行為本身，或是受道德價值觀左右，很難加以釐清，但如將政治與道德分離，同樣之政治行為造成的結果就純然出自此一行為的影響，而與道德無涉，前後對比之下，亦可知道德價值觀在此一政治行為中所占之分量。〔註114〕

　　儒家道德與政治結合的政治哲學，以其深入人心的道德力量，一向普遍被接受為正統的學說，「政治與道德的糾纏不清，依儒家德治理想，終必走向以教化取代政治。」〔註115〕韓非的劃道德於政治領域之外，則可使政治本身突破道德價值觀的迷霧而獲得彰顯，而其確立政治哲學獨立領域的貢獻，更可屹立其在思想史上的不朽地位。韓非將道德分離的政治思想，二千年來始終是正統學派撻伐的對象，但其價值則未嘗泯滅，〔註116〕中國政治之所以未被教化取代，韓非政治思想的調和功能不容忽視。〔註117〕

者一條：「義者，宜也」。四書中未有以「仁義」二字作定義者。趙豐田：《四書索引》，出版資料不詳，出版年約為1940年。

〔註114〕此由物理力學之現象較易解釋，某一總合之力係由二力合成（合成力可視為政治行為結合道德價值之效應），若已知其中之一力（已知單純政治行為造成之效應）及總合之力，則另一未知之力（道德價值觀所造成之效應）即可輕易算出。

〔註115〕韋政通：《先秦七大哲學家‧韓非子》，頁195。

〔註116〕韓非以法治國（將道德分離於外）的「法治」思想，被秦王付諸實現，對之後歷代王朝的統治產生了深遠的影響，中國傳統的政治模式是明儒暗法——廟堂之上明言的是儒家的德治，實際操作的則是法、術、勢——韓非思想所指導的這一套極具實效的統治權術，數千年來一直被統治者奉為圭臬。張燕嬰：《先秦十大哲學家》（昆明市：雲南教育出版社，2007年5月1版），頁195、196。另牟宗三在《中國哲學十九講》中亦有類似但更為傳神之語：「中國人很有講權術的智慧，而且成一傳統，不過這不能登大雅之堂而只在暗地裏運用，在廟堂之上的都是儒家的學問。……大皇帝也很少真正相信儒家，而都由道家或佛教中得些智慧。」見原書160頁。

〔註117〕漢代政治始終兼用儒法，二家勢力有起伏而未廢絕，張湯、董仲舒，或任法而飾以儒學，或以儒學應用於刑法，賈誼、晁錯諸人，兼受孔孟申商之學，允為儒法合流之明證。漢孝文帝之治政，大體用黃老（韓非喜刑名法術之學，而其旨歸於黃老），宣帝「信賞必罰，綜核名實。」對太子之諫，應之以「漢家自有制度，本以霸王道雜之，奈何純任德教，用周政乎。」蕭公權：《中國政治思想史‧法儒之爭勝與合流》，頁279、284。

第五節 小 結

根據正史所載，始皇三十四年（西元前 213 年）丞相李斯上奏疏駁斥博士官淳于越的進諫之言，並進而議請焚毀詩、書、百家語之後，確有焚書之舉，但供博士官研究（當時秦有博士官七十餘人）之圖書及政府館藏圖書與醫、卜、種樹等類書籍不在焚燬之列；焚書令中對偶語詩、書、百家語（相對交談詩、書、百家語）及以古非今者並同官吏之知情而不舉發者，皆有棄市以上之重刑。庶民藏書未焚被察知者，臉上刺字、罰作苦工（據秦律，為期四年），則刑度較輕。由學者之考證，此次焚書，古書典籍雖有受損，但影響尚不太大，其後六年餘（西元前 206 年）項羽攻入咸陽，縱火焚城，火燒阿房宮，方為對古書典籍造成永不可復的毀滅性之「秦火」。〔註 118〕秦在商鞅輔佐孝公時，曾有「燔詩書而明法令」的前例，李斯為法家中之行動派，其奏疏中的若干辭句並法家一系之思考，確有相當部分取自集法家思想大成之韓非，而韓非行文之條理分明，不刻意為文而文采逼人，後之文學大家如韓愈亦有文字取法韓非之事例，故將始皇三十四年焚書之事歸因於韓非思想之影響，證據似嫌不夠充分，而學者比對李斯奏疏與《韓非子》中若干篇章辭句而將焚書與韓非思想掛鉤，確也體現學術思考之自由度。

「阬儒」發生於焚書事件之次年，由史書記載，此一事件起於始皇遭受方術之士的欺騙與誹謗後引發之怒火，所阬殺之「術士」，由所引太史公文中始皇長子扶蘇之諫，不能排除有部分「為訞言以亂黔首（妖言惑眾）」的儒生在內，但由太史公「悉召文學方術士甚眾」之句，太史公顯然已將文學之士、方士、術士予以分別。史記〈儒林列傳〉及漢書〈儒林傳〉中所稱之「阬術士」、「殺術士」，則「術士」應非儒生。歷史學者評述「阬儒」事件，從未提及韓非名字，個別學者將「阬儒」與韓非思想相連結，應可商榷。

儒家之治國思想主張尚賢任智，稱美先王，道說仁義，「法」在儒家之觀念中並非可以忽略，但「法」與「仁」、「德」等儒家基本價值牴牾時，則在治事者之權衡下，往往退縮而失其準繩。法家主張治國唯法，動無非法，對「法」之定位與見解，與儒家之看法格格不入。戰國之世，封建之制已廢而

〔註 118〕古典書籍之遭焚毀，史家之記錄，秦代共有二次，一為始皇之焚書，一為項羽攻入咸陽，火燒阿房宮時，所存書籍隨之俱焚，後之學者因合稱其為秦火，但項羽之焚阿房宮，實應為「漢火」或「楚火」，史記記年，西元前 206 年項羽入關，已記為漢高帝元年。杜牧〈阿房宮賦〉有「楚人一炬，可憐焦土！」之語。

餘音未絕，專制之勢已成而尚未完全鞏固，適用於封建制度的儒家尚賢任智之人治，與適用於專制制度，亟思富國強兵的「法治」，其學術思想主流地位與政治上發展平台之爭，至爲激烈。韓非早年就學於荀子，對儒家之學，胸有精研，掌握儒家人治用慧失法、邦道差誤之短而猛烈抨擊，將儒家尚賢任智視作導致國家危亡的洪水猛獸，而韓非或因「不尚賢」而能將其存有若干內部矛盾之法、術、勢思想組合成一整體。

韓非反對「尚賢」的重要原因之一，乃因其勢治思想中的「人設之勢」，係爲中材之主（而非賢智之君）所設，故其「賢」之所指，傾向於「國君」，而對人臣仍有任賢的要求，儒法對「賢」的定義存有歧異，儒家之賢，以德爲重，而法家所要求的臣子之「賢」，則重才幹與服從，而絕不講求德，儒家之尚賢，廣及明君賢相，法家之任賢，則在「北面委質、無有二心」之人臣，兩家之歧見，根本原因在於封建宗法與君權專制思想之衝突與激盪。

「法治」與「任法」之最大區別，在於法治以法爲最高之權威，限制面涵蓋所有的人，不容包括君王或國家領導者在內的任何人例外，中國專制時代之「任法」，則係君王以法家之法、術、勢思想綱領治理國政。法爲君王所立，所立之「法」從未將對君王自身之限制列入其中，而二千餘年來歷朝之君王，代代相仍，皆在「法」的約束之外。

法家之論法者，自管仲、商鞅、以迄韓非，皆明言法爲國君之所「應守」、「須守」、凡事依法。文字上或以正面鼓舞，忠告國君「應」守法，或以反面警示，忠諫國君「須」守法，或以明主之君德垂範，立公去私，守法責成，認爲國君應受法之約束，但法家在政治上遵循之主線爲尊君，論法者所提出之讜論，縱使是至理名言，在尊君與限君的矛盾之下，其對國君之約束意義，乃逐步消失，而缺乏強制性的讜言，對君王之影響力也極微，法家在學理上，君王應受「法」之約束，其結果則是君王之地位凌駕法律。

政治與道德結合，爲儒家政治思想之特徵，而眾學者考究韓非之政治思想特點，則胥言其政治與道德分離。《韓非子》中，論法、術、勢之爲治而根本不及於道德之處，比比皆是，而直言道德爲治之不合時宜、君王治國應務法而舍德、遠仁義去智能而服之以法、棄仁之相憐而用法之相忍、一法而不求智、固術而不慕信，在在均爲韓非分離政治與道德之語證。

舉政治與道德結合及政治與道德分離之極端，則儒家之政治思想，並非政治與道德之完全結合，蓋有「聖人」之因素在其間爲之權衡，但趨近於完

全結合或為事實；韓非之政治思想亦非政治與道德之完全分離，蓋韓非將儒家仁義之道德德目，賦予新義而運用於其「法治」（以法治國）之思想內，而此一新義，並不悖於事理。故韓非之政治思想與道德之間，可謂分而不離，但趨近於完全分離，或亦不容否認。

　　在政治思想中將道德分離，乃是將道德價值觀之影響，劃出政治思想之圈外，使政治之真面目，突破道德價值觀之迷霧而獲得彰顯，若是之政治思想，頗近於純政治之近代政治哲學。韓非在二千年前將政治與道德分離，確立政治哲學獨立領域的貢獻，應可使其在思想史上的地位，屹立不朽。

第六章　結　論

　　韓非之政治思想，以法、術、勢爲基素，亦以法、術、勢爲主幹。在概念、內涵與作用上，法、術、勢各有其範域，其間有重疊難分歸屬之處，亦有截然分割似難相合的矛盾之處。韓非之思想、理路，由對《韓非子》之綜覽微觀，可細析爲以法治國，以勢行法，用術固勢，而相倚爲用，互相藉重之下，乃能融法、術、勢思想於一爐，成就其思想史上之鉅構。韓非之政治思想絕非完美無缺而無可非議，必須明辨者，其不同於儒、道、墨的「理想政治」之處，在於韓非的法家政治思想乃是針對政治本身的恆常體制與客觀格局的實際政治。解決實際問題與具有高度效率是其所長，欠缺道德精神與高遠之價值歸趨是其所短，其思想的缺失所在，在於無見於人的崇高理性與利他之心，忽視好利自爲之外尚有恩義慈孝，此種質性限制其發展格局，不能爲後世之治國者全盤接受，而必須以他家之長予以匡正。本文之探析，期以不同於正統中文系同學之思路與方法，探頤索隱，撿拾諸前輩學者析論《韓非子》之遺珠，以陳其野人獻曝的一得之愚。探析經年，文雖勉強草就，而亟欲在《韓非子》中尋幽探勝之願望更爲深切，蓋思想衝擊思想，衍生之進路似不可遏止，心願之償或祇能祈諸來日。茲歸納之前諸章內容而爲之綜結，並略陳後續研究之展望。

第一節　綜合評述

　　韓非政治思想之立論基礎爲人性之好利自爲，此一人人皆「好利惡害」、「挾自爲心」之結論，來自主張性惡之師承荀子，來自「亂起於虧人以自利」

的墨子，來自先秦諸子人性說中之助長與激盪，亦來自韓非本人對歷史事件的省悟及對周遭人物行為之參驗稽決，亟具實事求是之精神。韓非對人性之認知，或因不夠全面而失之偏頗，但由政治的角度觀察韓非之立論，則無疑的有其方法上的止確性，足以令以賞罰為主的法治有所根據。

「好利自為」乃今日所指的涵攝本能、基本衝動與情感三項質屬的自然屬性，此三項質屬均不能以道德之善惡為之論準，故韓非之人性思想應非眾多學者十口所指的性惡論，稱之為「自然人性論」或較為允當。

法在「法體」上的客觀性、成文性、公布性，構築了韓非法治思想的主要經絡：法在「法性」上的普遍性、平等性、強制性、固定性、時移性、周密性、權衡性、制裁性，則為鋪陳於經絡間的無數血管。法在「法用」上的以法治政、以法施教與以法化民成俗，具有遠比德治之道德驅策更為快速之「動作——反應」期程，韓非在整體上凸顯了法治的講求效果與亟為國用的特色，將法提昇到至高無上的地位。

術化生於道，具有周密深藏，詭譎多方的特質，君王獨擅術用以治臣下。韓非術治思想在積極面之發用，為治國御臣、行法治政、以術擇人與以術考成，在消極面之發用則為察姦去壅與固位防簒。術之督責作用為術治思想中極重要之部分，而君王私心之離法而用術，則往往流於陰森險忍。

君王因自然承襲而具有之威勢與權勢，稱為自然之勢。以自然之勢治國，必須依循儒家待賢之理念而國乃治；韓非以其過人之獨識，將「法」之理念與自然之勢融合，建立卓越的「人設之勢」思想。人設之勢乃法與自然之勢二位一體的完全結合，中才之主倚人設之勢治國，無須待賢而有待賢之效。韓非將表現勢之具體形式的賞罰二柄，注入「信」的特質，使權勢、權力、威信互相結合，使勢治思想的內容更為豐富。

韓非言法未有類分，言術則可別為積極面的督責之術與消極面的察姦之術，言勢則大分為自然之勢與人設之勢。法與術之結合，有法與督責之術的結合、法與察姦之術的結合。法與勢的結合，有法與自然之勢的結合、法與人設之勢的結合。術與勢的結合，有督責之術與自然之勢的結合、督責之術與人設之勢的結合、察姦之術與自然之勢的結合、察姦之術與人設之勢的結合。（詳見第四章第二節壹、貳、參）

法、術、勢三者的結合，有法結合督責之術結合自然之勢、法結合督責

之術結合人設之勢、法結合察姦之術結合自然之勢、法結合察姦之術結合人設之勢。（詳見第四章第二節肆）

　　以法與法之結合仍爲「法」、法與自然之勢的結合爲人設之勢、以及人設之勢可以分解爲法與自然之勢的結合，則韓非融法、術、勢思想於一爐，實質上乃爲人設之勢與督責之術的結合，以及人設之勢與察姦之術的結合，兩種結合方式。（詳「研究發現」之分析）

　　法、術、勢三者中以何爲主軸之問題，學者各有主張，且皆能言之有據，其原因或在於《韓非子》五十六篇，並非一時一地之作。韓非早、中、晚期之思想存有轉折──由「廣拓」而「深掘」而「歸要」──故論述不可能完全一以貫之，其牴牾之處，爲不同之學者所取，乃至有彼此互異之見解。筆者以爲，韓非政治思想之主軸爲「法」，蓋法、術、勢三者之中，唯有「法」是見諸形跡的「編著之圖籍，設之於官府，布之於百姓」的。「術不欲見」，術乃藏諸君王心中，不形諸於外的。勢則是因應用法、行術以及其他外在條件之變化而無形存在的。以有「形」者爲體，無形者爲用，則法爲體，術、勢爲用，「體」爲主軸，「用」爲輔佐，顯而易見。《韓非子》中論術之文字雖遠高於論法與論勢，但猶之乎子法之於母法，施行細則之於規章本文，雖多不勝。「法」並非「君勢」之工具，而法、術、勢均爲人君治國之工具，法對於術與勢之發用，一如體用關係，有其規範制衡之效能。

　　秦在孝公、商鞅之時，即有「燔詩書而明法令」的前例，始皇三十四年之焚書，載之正史，無一語涉及韓非，且此次焚書，對古書典籍造成損毀之影響不大，眞正對古書典籍毀滅性且永不可復之摧殘，在於其後六年項羽攻入咸陽，縱火焚城，火燒阿房宮之「秦火」。唯以始皇之焚書，上奏疏建議作此措施者之丞相李斯，其奏疏中行文的若干辭句以及法家一系之思考，類同於文采逼人，思想上集法家思想大成的韓非，故部分學者將此次焚書與韓非思想掛鉤，但以此爲證據，實嫌不夠充分。

　　「阬儒」一事，由《史記·秦始皇本紀》之記載其發生原因與韓非思想根本上風馬牛不相及，《史記·儒林列傳》及《漢書·儒林傳》均謂所阬殺者爲「術士」，由太史公行文「悉召文學方術士甚眾」之文句，文學之士指儒家之士。方士、術士則顯然並非儒家之士，雖由始皇長子之諫文中，不能排除所阬者有部分儒生在內，但總體而言，應非以「阬儒」爲主，個別學者將所阬者定調爲儒生，且牽扯韓非思想作爲引發此一事件之原因，仍可商榷。

　　對「法」之定位與見解，爲儒法兩家的重要歧異點之一，儒家之治國思想非不用法，但法與儒家的若干基本價值相衝突時，則往往由治國之「賢」者（聖君賢相）的權衡而作相當之保留，而法家則主張治國唯法，動無非法，以法爲唯一之準繩，對治國者根本無尚賢之必要，但對在下的銜命之臣，擇人則仍要求「北面委質無有二心」者具有才幹能力。儒家之賢，德才並重，對德的要求且在才之上，法家之賢，在才而不在德。由對「法」的定位之爭，延申至對治國者「尚賢」之爭，而對賢之定義與要求也有出入，根本原因，應在於封建至專制的轉換時期，兩家互爭政治發揮之平台與學術思想上的主流地位。

　　中國專制時代之「任法」，係君王以法家之法、術、勢思想治理國政，故其「法治」之義爲「以法治國」，法之拘束面涵蓋臣下眾庶，而不及於君王本身。現代之法治，則以法爲最高之權威，拘束面涵蓋所有人，不容包含國君或國家領導人在內的任何人例外。中國專制時代，法爲君王所立，而君王亦從未作法自限，將對自身之限制列入其中，法家之論法者，自管仲、商鞅以迄韓非，皆明言法爲國君之所「應守」、「須守」，但法家政治上遵循之主線爲絕對的尊君，尊君與限君在理論上存有矛盾，法家諸人之讜言，在此種矛盾之下，對君王之拘束意義乃逐步消失，而在缺乏強制力的情況之下，君王之地位遂凌駕法律而不受法之束限。

　　道德有其深入人心的傳統價值，儒家政治思想之特徵爲政治與道德之結合，其作爲或係以道德之力量作爲推行政治措施之動力，但因此而致道德與政治之混淆，則亦爲不爭之事實。《韓非子》中，論法、術、勢之爲治而根本不及於道德之處，比比皆是，而直言道德爲治之不合時宜，君王治國應務法而捨德之語證亦所在多有，對道德德目之可取者則賦予新義而用於「法治」。在政治思想中分離道德，乃是將道德之影響力，劃出政治思想之圈外，還政治以本來之眞面目，韓非二千年前在思想上將政治與道德分離，建立政治哲學獨立領域的貢獻，應可使其在思想史上的地位屹立不朽。

第二節　研究發現與後續研究之展望

　　在本文之撰述中，由於部分觀點係以不同之角度切入，不同之觀點觸發另類之思考，故所見不同於諸家學者之處——姑名之曰研究發現——其項目

有三：

壹、在法與自然之勢的結合乃為人設之勢（人設之勢可分解為法與自然
之勢的結合）、及法與法之結合仍為法的前提下，韓非融法、術、勢
之思想於一爐，實質上乃為人設之勢與督責之術的結合，以及人設
之勢與察姦之術的結合，其演繹之途徑如下：

法、術、勢三者之邏輯結合

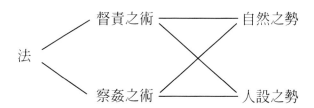

依邏輯排比，共有四種邏輯結合方式，茲一一為之演繹：

一、「法」結合「督責之術」結合「自然之勢」＝「督責之術」結合「法」
結合「自然之勢」＝「督責之術」結合「人設之勢」。（法結合自然之
勢成為人設之勢）

二、「法」結合「督責之術」結合「人設之勢」＝「督責之術」結合「法」
結合「人設之勢」＝「督責之術」結合「法」結合「法」結合「自然
之勢」＝「督責之術」結合「法」結合「自然之勢」＝「督責之術」
結合「人設之勢」。（人設之勢分解為「法」結合「自然之勢」，「法」
結合「法」仍為「法」，「法」與「自然之勢」結合為「人設之勢」。）

三、「法」結合「察姦之術」結合「自然之勢」＝「察姦之術」結合「法」
結合「自然之勢」＝「察姦之術」結合「人設之勢」。（法結合自然之
勢成為人設之勢。）

四、「法」結合「察姦之術」結合「人設之勢」＝「察姦之術」結合「法」
結合「人設之勢」＝「察姦之術」結合「法」結合「法」結合「自然
之勢」＝「察姦之術」結合「法」結合「自然之勢」＝「察姦之術」
結合「人設之勢」。（人設之勢分解為「法」結合「自然之勢」，「法」
結合「法」仍為「法」，「法」與「自然之勢」結合為「人設之勢」。）

後二項之演繹途徑與前二項相同，所倚者，不過數學中交換律之應用及
聯集合之觀念而已。（A＋B＋C＝B＋A＋C＝B＋〔A＋C〕，其中＋表示結
合，AUA＝A，U表聯集合，以數學式表明，因數學為嚴謹之邏輯）

必須注意者，凡有人設之勢存在之處，即有「法」存在之處，（因人設之勢乃法結合自然之勢）君王即不能離法而用其私術。但《韓非子》中，並不廢「除陰姦」等私術之使用，由此可知，韓非主張之勢，並不純然是人設之勢，間亦主張自然之勢，只是二者間所占比例之多少而已。

貳、在「法」已定的情況下，如何用術（用至何種程度，過猶不及）可以取得最大之勢（亦即可以使君王擁有最大之權勢）。

法、術、勢三者密切相依，變動其中一項，另二項即隨之連動。凡存有相依關係之項目，即可建立其模式而以數學函數表示。人文科學中之模式不易建立（因其涉人之因素極爲複雜），但應非不能建立：簡單的如智慧型之機器人，可以感測到不同的外在變化而作不同之因應，類同於人腦對不同之情勢所作之判斷。法、術、勢三者，若法已立，在未修正或另立新法之前，法之內容爲固定，在此固定的法之下，不同程度，以各種方式之用術，會使得國君獲得的「勢」亦在不同程度的用術之下，有高低大小的變化，亦即勢之大小，隨用術程度之變化而變化。變化之模式用函數表示。術爲函數中之自變數（君王掌握情況決定用術之程度，且可任己意而隨時變化），勢爲因變數（因術之變化而變化，在不同程度的術用之下，會有不同大小的數值），而法爲定常數。對此函數以數學處理（如微分），即有可能獲得函數之因變數在某一區間內之極大值（及/或極小值），亦即可以求得在用術至某一程度時，君王可以獲得最大之勢。用術不足此一程度或超過此一程度，君王獲得之勢反而較小。

參、法與勢的助長及斥離。法性中之「強制性」，其性質爲驅策與約束，使受約束者在驅策下作爲或不作爲；法性中之平等性，其平等並無上下或內外的區別；勢在本質上，是統治者的「勝眾之資」，是對外的，其所具有的強制性：「勢之爲道也無不禁」，所禁的也非擁有權勢的本人，亦是對外的，驅策君王本人以外之其他人作爲或不作爲，故法與勢，在驅策君王以外之臣民，具有共同性。法與勢彼此間相互助長，相互增強。

法之平等性，並未排除君王本人可在此平等的意義之外，法依乎天道，君王應不能在天道的規範之外；法有強制性，其強制不能及於有勢之君王，法有制裁性，其制裁亦不能及於有勢之君王，此爲法與勢在質性上之斥離。一國之內，緣「勢」之故，雖例外者僅君王一人，但亦造成了近代義之「法

治」與「任法」之別。

　　有別於近代法治國家立法之有行政體制外的專設機構，中國專制時代之立法者爲君王，君王立法，考量最大之利與最小之害，此在某一層面之意義而言，可以視爲增長法與勢之共同性與減輕其斥離性。法立得宜，可以使「法治」與「任法」之距離漸趨接近，而法與勢之間「無禁」與「無不禁」的矛盾亦得以舒緩。

　　學者每以專制時代之任法與近世法治之別，並不認可法家之「法治」思想能行之於現代之政治。〔註1〕而肯定韓非思想學說之有留傳研究及參考取法價值者亦不乏人。〔註2〕進入民國之後，專制之桎梏既除，而百廢待舉，近百年之政治，思想舉措，每多師法外洋，其有關法治之典例，或取法英美，或取法德日，其整套移植之處，數不在少。法治之主要目的，在使國家事務之各層面均能依乎法，使社會行爲與個人行爲均納入法的制約與規範，但國人之社會行爲與個人行爲及造成此等行爲之觀念，與歐西或東洋有殊異者不少，以彼之法治觀念與典例加諸有殊異之國人，其格格不入乃至無法產生預期效果，甚乃產生反效果之處所在多見，則吾人對祖先哲人所遺留之智慧，加以梳理、整合，去其不合時宜之糟粕，取其超越時空之精華，融入現代法治理念之中，必有助於去除外來移植所產生之弊端，而建立合於國人質性的現代法治社會。以現代民主政治之眼光，著手對法家法治論述之深入研究，必能在處處寶山中有豐碩之收穫，此亦爲筆者對後續研究之自我期許。

〔註 1〕 蕭公權：《中國政治思想史》，頁 270、271 及唐端正：《先秦諸子論叢》，頁 241
　　　　　～243。
〔註 2〕 王靜芝：《韓非思想體系》，頁 323 及徐漢昌：《先秦學術問學集》，頁 245、246。

徵引及參考文獻

一、古籍專書

1. 〔西漢〕劉安等原著，許匡一譯註：《淮南子》，台北市：臺灣古籍出版公司，1996 年。

2. 〔西漢〕董仲舒：《春秋繁露・實性》，中國子學名著集成・珍本初編儒家子部 027 冊，台北市：中國子學名著集成編印基金會，1978 年 12 月初版。

3. 〔西漢〕劉向：《戰國策》，台北市：文化圖書公司 1968 年 7 月再版。

4. 〔東漢〕班固撰，唐顏師古注：《漢書》（台北市：宏業書局，1978 年 8 月再版）

5. 〔南唐〕徐鍇：《說文解字繫傳》，北京市：中華書局，1998 年 12 月一版二刷。

6. 〔宋〕朱熹：《四書集注》，台北市：世界書局景印，1973 年。

7. 〔清〕段玉裁：《說文解字段注》（台北市：藝文印書館，1966 年 10 月 11 版。

8. 〔清〕孫詒讓：《墨子閒詁》，新編諸子集成第六冊，台北市：世界書局，1983 年 4 月新四版。

9. 〔清〕郭慶藩：《莊子集釋》，台北市：木鐸出版社，1982 年 9 月初版。

10. 嚴靈峰：《老子達解》，台北市：華正書局，1987 年 8 月。

11. 陳鈇譯註：《四書集解》，台南市：正言出版社，1972 年 10 月初版。

12. 馮成榮：《墨子新註新譯》，台北市．馮同亮書坊，1995 年。

13. 梁啓雄：《荀子柬釋》，台北市：臺灣商務印書館，1965 年。

14. 朱師轍：《商君書解詁定本》，台北市：鼎文書局，1979 年 2 月。

15. 陳啓天：《商君書校輯》，台北市：臺灣商務印書館，1974 年。

16. 賀凌虛：《商君書今註今譯》，台北市：臺灣商務印書館，1988 年 8 月二版。

17. 王先慎：《韓非子集解》，台北市：世界書局，1955 年。

18. 朱守亮：《韓非子釋評》，台北市：五南圖書出版公司，1992 年。

19. 陳奇猷：《韓非子集釋》，台北市：世界書局，1981 年 3 月三版。

20. 陳啓天：《增訂韓非子校釋》，台北市：臺灣商務印書館，1974 年。

21. 王冬珍等校注：《新編管子》，台北市：國立編譯館，2002 年 2 月初版。

22. 楊伯峻：《春秋左傳注》，台北市：洪葉文化，1993 年。

23. 嚴北溟、嚴捷：《列子譯注》，台北市：書林出版公司，1995 年。

24. 瀧川龜太郎：《史記會注考證》，台北市：洪氏出版社，1982 年 10 月再版。

25. 劉盼遂：《論衡集解》，台北市：世界書局，1975 年 6 月三版。

26. 湯可敬：《說文解字今釋》，長沙市：岳麓書社，2004 年第四次印刷。

二、近人著作

1. 辭　書

1.《大不列顛百科全書中文版》，台北市：丹青圖書有限公司，1987 年 9 月，第 4 冊、第 13 冊、第 17 冊。

2. 中國歷史大辭典編纂委員會：《中國歷史大辭典》，上海市：上海辭書出版社，2001 年 1 月五刷。

3. 台灣中華書局編輯部：《辭海》，台北市：台灣中華書局，1972 年 2 月大字修訂臺五版。

4. 台灣商務印書館編審委員會：《增修辭源》，台北市：台灣商務印書館，1978 年 11 月增修台二版。

（1）專書

1. 方東美：《中國人生哲學概要》，台北市：先知出版社，1974 年。（原文爲教育廣播演講稿）

2. 王元化：《清園論學集‧韓非論稿》，上海市：上海古籍出版社，1994 年。

3. 王邦雄：《韓非子的哲學》，台北市：東大圖書公司，1993 年。

4. 王邦雄：《中國哲學論集》，台北市：學生書局，1986 年。

5. 王德昭：《歷史哲學與中西文化‧馬基雅弗里與韓非思想的異同》，香港：香港商務印書館，1992 年。

6. 王靜芝：《韓非思想體系》，台北縣：輔仁大學文學院，1979 年 10 月再

版。

7. 王讚源：《中國法家哲學》，台北市：東大圖書公司，1989 年 2 月初版。

8. 王讚源：《韓非與馬基維利比較研究》，台北市：幼獅月刊社，1972 年 12 月初版。

9. 牟宗三：《中國哲學十九講》，上海市：上海古籍出版社，1997 年 12 月（2007 年 7 月重印）。

10. 吳秀英：《韓非子研議》，台北市：文史哲出版社，1979 年 3 月初版。

11. 吳明清：《教育研究：基本觀念與方法之分析》，台北市：五南圖書公司，1994 年 8 月初版五刷。

12. 李定一：《中華史綱》，台北市：傳記文學出版社，1986 年 8 月初版。

13. 李甦平：《韓非》，台北市：東大圖書公司，1998 年 10 月初版。

14. 谷方：《韓非與中國文化》，貴陽市：貴州人民出版社，1996 年 1 月初版。

15. 余英時：《中國思想的現代詮釋‧法家的反智論》，南京市：江蘇人民出版社，1989 年。

16. 周勳初：《周勳初文集‧韓非》，上海市：江蘇古籍出版社，2000 年。

17. 林劍鳴：《秦史稿》，中和市：谷風出版社，1986 年 12 月。

18. 林緯毅：《法儒兼容：韓非子的歷史考察》，台北市：文津出版社，2004 年 11 月一刷。

19. 季雲飛、宗成康等編：《中國古代史爭鳴錄》，南京市：江蘇教育出版社，1992 年 4 月二版。

20. 柏楊：《中國人史綱》，台北市：遠流圖書公司，2003 年 8 月初版四刷。

21. 唐端正：《先秦諸子論叢》，台北市：東大圖書公司，1981 年 5 月初版。

22. 徐文珊：《先秦諸子導讀》，台北市：幼獅書店，1972 年元月修訂再版。

23. 徐漢昌：《先秦學術問學集》，高雄市：復文圖書出版社，2006 年 4 月初版。

24. 徐漢昌：《先秦諸子》，台北市：臺灣書店，1997 年 9 月初版。

25. 徐漢昌：《韓非子釋要》，台北市：黎明文化事業公司，1994 年 10 月再版。

26. 徐漢昌：《管子思想研究》，台北市：台灣學生書局，1990 年 6 月初版。

27. 徐漢昌：《韓非的法學與文學》，台北市：文史哲出版社，1984 年 10 月修訂三版。

28. 徐漢昌：《慎子校注及其學說研究》，台北市：嘉新水泥公司文化基金會，1976 年 12 月。

29. 韋政通：《中國思想史》，台北市：水牛圖書出版公司，2003 年 9 月 13 版二刷。

30. 韋政通：《先秦七大哲學家》，台北市：牧童出版社，1979 年 11 月四版。

31. 高柏園：《韓非哲學研究》，台北市：文津出版社，2001 年 4 月初版二刷。

32. 秦孝儀主編：《國父全集》第 1 冊，台北市：近代中國出版社，1989 年 11 月。

33. 郭沫若：《郭沫若全集（歷史編 2）‧十批判書》，北京市：人民出版社，1982 年 9 月一版一刷。

34. 張立文主編：《中國哲學範疇精萃叢書》（二）「性」，台北市：七略出版社，1997 年。

35. 張立文：《中國哲學邏輯結構論》，北京市：中國社會科學出版社，1989 年。

36. 張松禮：《人性論》，台北市：幼獅文化事業公司，1976 年。

37. 張素貞：《韓非子思想體系》，台北市：黎明文化事業公司，1979 年 2 月再版

38. 張純、王曉波：《韓非思想的歷史研究》，台北市：聯經出版公司，1984 年第二次印行。

39. 張燕嬰：《先秦十大哲學家》，昆明市：雲南教育出版社，2007 年 5 月一版。

40. 張麗珠：《中國哲學史三十講》，台北市：里仁書局，2007 年 8 月初版。

41. 陳弱水：《中國文化新論‧韓非的法律思想》，載於思想篇（二）：天道與人道，台北市：聯經出版公司，1983 年。

42. 陳森甫：《韓非之政治思想研究》，屏東市：台灣大成書局，1962 年 4 月初版。

43. 馮友蘭：《中國哲學史》，1930 年初版，台北市：臺灣商務印書館，1996 年 11 月增訂台一版三刷。

44. 馮友蘭：《中國哲學史新編》第一冊，北京：商務印書館，1964 年二版。

45. 勞思光：《新編中國哲學史》，台北市：三民書局，1984 年 1 月增訂初版。

46. 傅統先：《哲學與人生》，台北市：天文出版社，1980 年。

47. 傅偉勳：《從創造的詮釋學到大乘佛學》，台北市：東大圖書公司，1999 年 5 月再版。

48. 傅傑選編：《韓非子二十講》，北京市：華夏出版社，2008 年 3 月一版一刷。

49. 傅樂成：《中國通史》，台北市：大中國圖書公司，1970 年 5 月增訂三版。

50. 湯可敬：《說文解字今釋》，長沙市：岳麓書社，2004 年第四次印刷。

51. 項維新、劉福增主編:《中國哲學思想論集‧先秦篇》,台北市:牧童出版社,1976 年 10 月初版。

52. 黃公偉:《法家哲學體系指歸》,台北市:臺灣商務印書館,1983 年初版。

53. 黃克劍:《由命而道──先秦諸子十講》,北京市:線裝書局,2006 年 7 月一版。

54. 楊樹藩撰:〈韓非〉,《中國歷代思想家》第二冊,台北市:臺灣商務印書館,1987 年 8 月四版。

55. 鄔昆如、黎建球:《中西兩百位哲學家》,台北市:東大圖書公司,1978 年 4 月初版。

56. 趙海金:《韓非子研究》,台北市:正中書局,1967 年 1 月初版。

57. 趙豐田:《四書索引》,出版資料不詳,出版年約為 1940 年。

58. 熊十力:《韓非子評論》,高雄市:三信出版社,1974 年 11 月修訂再版。

59. 鄭良樹:《韓非之著述及思想》,台北市:台灣學生書局,1993 年 7 月初版。

60. 蔣重躍:《韓非子的政治思想》,北京市:北京師範大學出版社,2000 年。

61. 蔡英文:《韓非的法治思想及其歷史意義》,台北市:文史哲出版社,1986 年 2 月初版。

62. 劉家和:〈韓非子的性惡說〉《中國哲學》第十八輯,長沙市:岳麓書社,1998 年。

63. 謝雲飛:《韓非子析論》,台北市:東大圖書公司,1989 年。

64. 蕭公權:《中國政治思想史》,台北市:中國文化學院出版部,1980 年 10 月新一版。

65. 關文選譯:《實踐理性批判》,台北市:臺灣商務印書館,1966 年。

66. 譚家健:《先秦散文藝術新探‧《韓非子》文章的寫作特點》,濟南市:齊魯出版社,2007 年。

67. 作者不詳(大學用書),蔣致遠發行:《中國通史》,台北市:宗青圖書出版公司,1986 年 10 月初版。

68. Andrew Heywood 著,林文斌、劉兆隆譯:《政治學》。台北市:韋伯文化事業出版社,1999 年 4 月再版。

69. Benjamin Isadore Schwartz(史華茲)著,程鋼譯:《古代中國的思想世界》(The World of Thought In Ancient China),南京市:江蘇人民出版社,2008 年。

70. Denis Twitchett; Michael Loewe 編,韓復智主譯:《劍橋中國史》第一冊,秦漢篇,台北市:南天書局,1996 年 1 月初版。

71. John King Fairbank(費正清)薛絢譯:《費正清論中國(China──A New

History)》，台北市：正中書局，1994 年 10 月第 3 次印行。

（2）期刊論文

1. 王叔岷：〈司馬遷論慎到、申不害與韓非之學〉，《史語所集刊》54 冊，
   1983 年 1 月。

2. 李增：〈《韓非子》人性與功利論〉，《國立編譯館館刊》第 22 卷第 1 期，
   1993 年 6 月，頁 79～101。

3. 林義正：〈先秦法家人性論之研究〉，《哲學論評》第 12 期，1989 年 1 月，
   頁 145～173。

4. 馬世年：〈韓非子生平事蹟考辨〉，《東方人文學誌》第 5 卷第 2 期，2006
   年 6 月，頁 21～40。

5. 張申：〈再論韓非的倫理思想不是非道德主義〉，《中國哲學史研究》（季
   刊）第 2 期，1989 年 4 月，頁 67～73。

6. 陳伯鏗：〈論韓非之人性觀及其政治思想〉，《復興崗學報》第 18 期。頁
   93～112。

7. 陳容韶：〈《韓非子》「術」論〉，《東方人文學誌》第 1 卷第 3 期，2002
   年 9 月，頁 29～50。

8. 賀凌虛：〈法家的人性論〉，《國立台灣大學中山學術論叢》第 7 期，1987
   年 12 月，頁 49～58。

9. 湯智君：〈韓非子法治思想述評〉，《文與哲》第 5 期，2004 年 12 月，頁
   115～153。

10. 黃琬珺：〈韓非子術論的探析〉，《問學集》第 15 期，2008 年 4 月，頁 169
    ～182。

11. 楊育庭：〈《韓非子》〈難勢〉篇「勢論」析探〉，《問學集》第 15 期，2008
    年 4 月，頁 197～208。

12. 蔡仁厚：〈韓非子論「法」與「術」──定法篇之思想解析〉，《東海哲學
    研究集刊》第 3 輯，1996 年 10 月，頁 57～66。

13. 蕭振邦：〈韓非哲學的人性觀探論〉，《鵝湖月刊》第 155 期，1988 年 5
    月，頁 30～38。

14. 譚承耕：〈關於韓非的術〉，《中國文化月刊》第 116 期，1989 年 6 月，頁
    74～89。

3. 學位論文

1. 朱心怡：《秦法家思想之發展研究》，高雄市：國立中山大學中文所碩士
   論文，1998 年 6 月。

2. 邱黃海：《從「任勢為治」說的形成論韓非思想的蛻變》，中壢市：國立
   中央大學哲學研究所博士論文，2007 年 7 月 2 日。

3. 郭名浚：《《韓非子》人性觀究論》，台北市：輔仁大學中國文學系碩士論文，1999 年 1 月。

4. 張菀琤：《西漢前中期「秦亡於法家」之說的檢討》，新竹市：國立清華大學碩士論文，2000 年 6 月。